中国特色现代学徒制跨界协同育人研究与实践

刘友林　朱先容　著

ZHONGGUO TESE XIANDAI XUETUZHI
KUAJIE XIETONG YUREN YANJIU YU SHIJIAN

重庆大学出版社

图书在版编目（CIP）数据

中国特色现代学徒制跨界协同育人研究与实践 / 刘友林，朱先容著. -- 重庆：重庆大学出版社，2022.4
ISBN 978-7-5689-3197-7

Ⅰ.①中… Ⅱ.①刘… ②朱… Ⅲ.①职业教育—学徒—教育制度—研究—中国 Ⅳ.①G719.2

中国版本图书馆CIP数据核字（2022）第047995号

中国特色现代学徒制跨界协同育人研究与实践

刘友林 朱先容 著
策划编辑：章 可
责任编辑：文 鹏 版式设计：章 可
责任校对：邹 忌 责任印制：赵 晟

*

重庆大学出版社出版发行
出版人：饶帮华
社址：重庆市沙坪坝区大学城西路21号
邮编：401331
电话：（023）88617190 88617185（中小学）
传真：（023）88617186 88617166
网址：http：//www.cqup.com.cn
邮箱：fxk@cqup.com.cn（营销中心）
全国新华书店经销
POD：重庆新生代彩印技术有限公司

*

开本：720mm×1020mm 1/16 印张：14 字数：244千
2022年4月第1版 2022年4月第1次印刷
ISBN 978-7-5689-3197-7 定价：42.00元

PREFACE 前言

习近平总书记在2020年全国劳动模范和先进工作者表彰大会上深刻指出，当今世界，综合国力的竞争归根到底是人才的竞争、劳动者素质的竞争。《中共中央关于制定国民经济和社会发展第十四个五年规划和二〇三五年远景目标的建议》对“十四五”时期“建设高质量教育体系”作出整体谋划，明确要求“加大人力资本投入，增强职业技术教育适应性，深化职普融通、产教融合、校企合作，探索中国特色学徒制，大力培养技术技能人才”；同时围绕“激发人才创新活力”，强调“加强创新型、应用型、技能型人才培养，实施知识更新工程、技能提升行动，壮大高水平工程师和高技能人才队伍”。国家层面在如此重要的文件中提到职业教育，专门强调要探索中国特色学徒制，大力培育技术技能人才，这不但指明了其未来的发展方向，也给学校、企业、行业等各方巨大的鼓舞。

重庆工商学校全面贯彻落实党的教育方针，坚持立德树人根本任务，推进和深化产教融合、校企合作，为党育人，为国育才。在“碳达峰”“碳中和”国家战略背景下，重庆工商学校倡导更加节能的高能效制冷产品，而高能效制冷产品的实现离不开高素质制冷行业技术技能人才。作为全国首批、重庆唯一的中职学校现代学徒制试点单位，重庆工商学校以制冷和空调设备运行与维护专业（简称“制冷专业”）为抓手，与大金空调（上海）有限公司、格力电器（重庆）有限公司等合作，针对制冷专业现代学徒制人才培养中教学标准体系不完善、传统教学模式不适应校企异地教学需要、校企双师能力不兼备、不能发挥协同育人成效等突出问题，立足基于人才培养全过程的标准体系为“前提”，以“互联网”+技术手段的教学平台为“支撑”，以校企双师五级培训制度为“保障”，经过多年探索与实践，创构了中职制冷专业现代学徒制人才培养标准体系，首创了“异地协同”现代学徒制人才培养新理念，原创了“三师五岗”实践教学新方法，创构了“标准建构、异地协同、双栖双培”人才培养新模式。该模式除在重庆工商学校制冷专业应用外，还在校内数字媒体技术应用、汽车运用与维修等专业推广应用，并向市内外区县教育局、中职学校广泛推广，不断扩大学生受益面，发挥该模式在中职学校现代学徒制人才培养改革实践中的示范引领作用，并通过大会发言、考察交流、媒体报道等方式提升社会影响力。

现代学徒制是实现职业教育现代化的切入点，重庆工商学校自启动现代学徒制试点以来，根据学校特色和区域职业教育发展现状，进行人才培养模式的创新探索与实践，形成了具有学校自身特点的制冷专业现代学徒制人才培养模式，积累了落地做法和成功经验，有的经验已在全国范围内推广应用，但现代学徒制的实施和运行是一个动态过程，重庆工商学校“标准建构、异地协同、双栖双培”人才培养新模式仍需根据产业和学徒的变化而不断改进、不断完善。期望本书能够在职业教育人才培养领域的研究中引起理论研究者和实践研究者的思考和进一步探讨，为职业教育人才培养领域贡献一份力量。

刘友林

2022年1月

CONTENTS 目录

第一篇

理论架构篇

DI YI PIAN LILUN JIAGOU PIAN

第一章　跨界协同育人的实施背景

2014年以来，国务院连续出台关于深化产教融合、校企合作的系列文件，明确要求：在技术性、实践性较强的专业，全面推行现代学徒制，推进校企一体化育人。在“碳达峰”“碳中和”国家战略背景下，高能耗、寿命短的制冷设备与国家提倡的绿色高效趋势背道而驰，积极推广更加节能的高能效制冷产品势在必行。技术创新是制冷系统节能高效的关键，制冷产业技术创新与转型升级是高质量发展的必然趋势，急需培养大批高素质制冷行业技术技能人才。

一、跨界协同育人的历史追溯

（一）成果形成阶段（2012—2015 年）

重庆工商学校承担区级规划课题“现代学徒制校本化研究”，依托国家改革示范中职学校重点建设专业电子技术应用专业（空调制造方向）、数控技术应用专业开展现代学徒制的探索与实践，取得了一定的理论与实践成果，课题于2015年顺利结题，形成了《标准构建、异地协同、双栖双培：中职制冷专业现代学徒制人才培养创新与实践实施方案》。

（二）成果应用阶段（2015—2018 年）

2015年，重庆工商学校被教育部认定为首批现代学徒制试点单位，明确制冷和空调设备运行与维护专业（简称“制冷专业”）作为试点专业，遴选大金空调（上海）有限公司、格力电器（重庆）有限公司作为合作企业，并依托部市共建“现代职业教育体系国家制度建设试验区”等8个国家级、省级项目和课题，进一步开展理论研究与实践应用，凝练成果内容，丰富成果内涵。2018年，成果顺利通过教育部验收，并作为重庆唯一的现代学徒制案例报送教育部。

（三）成果推广阶段（2018—2021年）

重庆工商学校继续将本成果在校内数字媒体技术应用、汽车运用与维修等专业推广应用，并向市内外区县教育局、中职学校广泛应用推广，不断扩大学生受益面，总结完善建设成果，发挥成果在中职学校现代学徒制人才培养改革实践中的示范引领作用，并通过大会发言、考察交流、媒体报道等方式提升社会影响力。

二、跨界协同育人的政策支撑

（一）推动职业教育改革

“十三五”时期是全面建成小康社会决胜阶段，这对职业教育而言，既是重要的发展机遇，也是严峻的挑战。历史的经验告诉我们，无论是抢占科技革命和产业革命的先机，还是让改革成果惠及全体民众；无论是服务国家战略需要，还是推动中国制造向智能制造、精品制造转变的需要，都必须大力发展现代职业教育，必须以德技双馨的技术技能人才作为支撑，必须全面深化职业教育教学改革，着力于技术技能人才培养模式的改革创新，不断提高育人质量和水平，这既是国家战略的需求，也是新时代的呼唤。

（二）深化产教融合

2017年10月18日，习近平总书记在党的十九大报告中指出，要深化产教融合。产教融合是指职业学校根据所设专业，积极开办专业产业，把产业与教学密切结合，相互支持，相互促进，把学校办成集人才培养、科学研究、科技服务为一体的产业性经营实体，形成学校与企业浑然一体的办学模式。产教融合是产业与教育的深度合作，是院校为提高其人才培养质量而与行业企业开展的深度合作。具有产教融合特点、将供应链和需求链对接的技术技能人才培养模式能够更加符合职业教育人才培养的规律和行业企业的需求，能够结合职业院校的人才培养特征，将培养目标和企业需求融合、课程内容与工作过程融合、职业标准与课程标准融合、理论教学与实践教学融合、教学环境与工作现场融合、专业教师与能工巧匠融合、学生身份与学徒身份融合、学生作品与企业产品融合、教学评价与产品质量融合、校园文化与企业文化融合，为改革和创新职业教育人才培养模式开辟道路。

（三）重视现代学徒制

现代学徒制是指在政府的引导下，通过法定程序将自然形态的学徒培训与学校形态的职业教育相结合，通过学校与企业的深度合作、工作与学习的有机结合，充分发挥政、校、行、企等利益相关方的作用，以更好地培养适应经济社会发展需要的高素质技能型人才的现代职业教育制度，其中，校企合作是前提，工学结合是核心（如图1所示）。就我国现实情况而言，实施现代学徒制是服务“中国制造2025”国家战略的迫切需要，是职业教育由规模向质量发展的内在需求，是深化产教融合、校企合作的模式创新，是提升职业教育人才培养质量的根本途径，是我国经济转型升级对技术技能人才的迫切需求。当前，在我国职业教育改革中，现代学徒制是一个热点问题，其鲜明的特征是校企联合双元育人和学生双重身份（学校的学生、企业的学徒）。

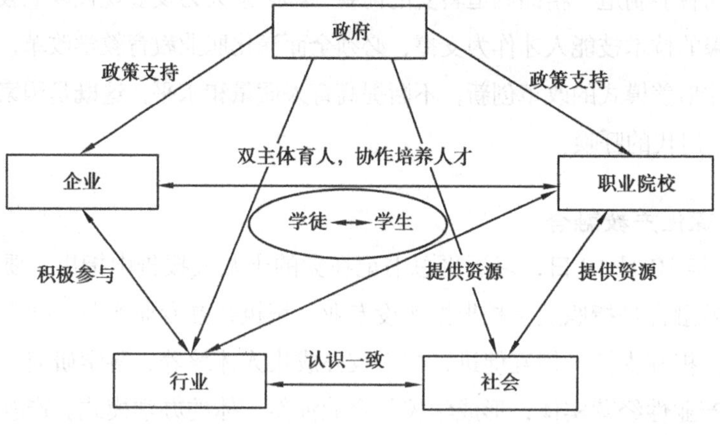

图1　现代学徒制基本框架图

2014年，《国务院关于加快发展现代职业教育的决定》（国发〔2014〕19号）将现代学徒制试点列为推进人才培养模式创新的重要举措，要求“开展校企联合招生、联合培养的现代学徒制试点，完善支持政策，推进校企一体化育人”，现代学徒制工作上升为国家层面的教育战略；同年8月，《教育部关于开展现代学徒制试点工作的意见》（教职成〔2014〕9号）发布。2015年1月，教育部发布《关于开展现代学徒制试点工作的通知》（教职成司函〔2015〕2号），正式启动国家级现代学徒制的试点工作；同年8月，教育部遴选出首批165个现代学徒制试点单位，包括 17 个试点地区、8 家试点企业、100 所试点高职院校和 27 所试点中职院校。2017 年，《国务院办公厅关于深化产教融合的若干意见》（国办发〔2017〕95 号）明确要求“在技术性、实践性较强的专业，全面推行现代学徒制，推动学校招生与企业招工相衔接，校企育人‘双重主体’，学生学徒‘双重身份’，学校、企业和学生三方权利义务关系明晰”，以国务院文件的形式明确了现代学徒制内涵要求和核心要义。2019 年，《国家职业教育改革实施方案》（国发〔2019〕4 号）提出“坚持知行合一、工学结合。借鉴‘双元制’模式，总结现代学徒制和企业新型学徒制试点经验，校企共同研究制定人才培养方案，及时将新技术、新工艺、新规范纳入教学标准和教学内容，强化学生实习实训”。2020 年，十九届五中全会审议通过的《中共中央关于制定国民经济和社会发展第十四个五年规划和二〇三五年远景目标的建议》提出了中国特色学徒制，为当前职业教育学徒制在未来的发展指明了方向。

随着国家现代学徒制试点工作的推进，各省市相继出台有关政策推进地方试点，试点工作覆盖的范围也由教育部门拓展到人社、财政等相关部门，形成了开展现代学徒制人才培养的热潮。随着社会经济和现代职业教育的发展，在校企合作、工学结合的大环境下，国内职业院校从 21 世纪初逐渐开始进行现代学徒制的探索和实践，如 2006 年，江苏太仓健雄职业技术学院将德国双元制进行本土化，形成了“定岗双元制”培养模式，使学徒不仅能较出色地胜任岗位群，而且知识层次、职业素养以及职业能力均获得全面提升；2011 年，湖北职业技术学院在建筑工程技术专业开展了现代学徒制人才培养模式探索，提出应构建基于施工过程的课程体系，同时以扎根区域经济、发挥学校主导作用、注重师傅选拔培养，以及建立广泛的实训基地作为条件保障；2011 年，广东省开始在清远职业技术学院的 3 个专业开展现代学徒制试点探索，到 2016 年试点规模扩大到 22 所高职院校的 47 个专业，招生规模达到 2 000 余人。目前，教育部已分三批开展了 558 个现代学徒制试点，覆盖 1 000 余个专业点，7 万多名学生学徒直接受益。已布局的试点中，政府牵头的 20 个，重点探索地方实施现代学徒制的支持政策和保障措施；行业牵头的 18 个，侧重开发规范和保证现代学徒制实施的各类标准；企业牵头的 17 个，重点探索企业参与现代学徒制的有效途径、运作方式和激励机制；院校牵头的 503 个，重点探索现代学徒制的人才培养模式和管理制度。

2015年8月，重庆工商学校被教育部确定为国家首批“职业教育现代学徒制”人才培养模式改革项目试点单位，成为全国27所之一、重庆市唯一一所成功跻身全国首批现代学徒制试点的中职学校，主要在电子技术应用专业和制冷和空调设备运行与维修专业开展试点，试点专业与大金空调（上海）有限公司、四川快益点电器维修连锁重庆分公司、中国格力（重庆）有限公司开展深度合作。重庆工商学校严格按照教育部的要求，以实施现代学徒制试点工作为契机，在试点专业实施“现代学徒制”人才培养模式改革，以现代学徒制的职教理念为引领、人才需求为导向，运用能力本位、职业生涯发展等理论，开启了基于现代学徒制的“跨界协同育人”的教学改革与实践，建构了现代学徒制育人新模式。2018年，根据《关于公布现代学徒制第一批试点验收结果和第二批试点检查情况的通知》（教职成厅函〔2018〕187号），重庆工商学校成功通过教育部验收。依托教育部首批现代学徒制改革试点、部市共建“现代职业教育体系国家制度建设试验区”专题项目、重庆市教育科学规划重点课题“产教融合背景下现代学徒制人才培养模式区域创新实践研究”等6个国家级、省部级项目和课题，重庆工商学校构建了中职制冷专业人才培养标准体系，完善了“以职业标准为导向”的课程体系，开发了异地校企远程协同教学系统，通过双栖双培促进校企双师能力提升，全面提升了教师专业综合实力和服务社会能力，充分发挥了示范引领作用。

三、跨界协同育人的行业要求

（一）制冷行业的转型趋势

随着城镇化进程稳步推进，市场对制冷设备的需求不断升温。从下游整机需求到上游压缩机供给，整体制冷产业链的市场规模都在稳步提升，《2018年中国制冷空调产业发展白皮书》显示，我国制冷产业年产值达8 000亿元人民币。在“碳达峰”“碳中和”的国家战略背景下，高能耗、寿命短的制冷设备与国家提倡的绿色高效趋势背道而驰，积极推广更加节能的高能效制冷产品势在必行。因此，技术创新是制冷系统节能高效的关键，产业升级是制冷行业高质量发展的必然趋势。从医疗卫生、文体教育到工业地产、能源材料等领域，制冷行业服务的领域范围极为广泛，涉及人类生活的方方面面。据中国家用电器研究发布的《2020年新风空调行业发展白皮书》显示，新风空调的零售量及零售额在2020年1—14

周分别同比增长 252.1% 和 117.3%，5 月分别同比增长 654.3% 和 473.8%。在新冠肺炎疫情之下，市场对于室内新风质量提出新的要求，制冷空调领域中新风空调的市场关注度显著提升，为洁净空调的科研也带来了巨大的发展空间和前所未有之大变局。

（二）技术创新对人才的需求

技术创新与产业升级需要高素质技术技能人才作为支撑，制冷与空调产业不断升级为新的工作岗位创造了机会，而这些岗位更加需要拥有创新能力的新型技术技能人才。多年的教学实践表明，尽管学校职业教育有许多优势，但它也主要是让学生获得基础性的技术知识，无法让学生获得精深的技术知识。技术精湛并能实现技术创新的技术技能人才的培养离不开学徒制，通过整合职业院校与制冷行业企业优势资源，推进校企双主体育人、双导师教学。现代学徒制的发展可以促使学徒通过与空调企业师傅建立紧密的师徒关系习得特殊的技术技能知识，并通过校企双导师的言传身教在某一专深领域持续钻研，最终实现技术创新，以此培养适应制冷行业需求、产业升级、技术革新的高层次技能人才，具有重要的现实意义。

大金空调（上海）有限公司是日本大金工业株式会社在中国建立的专业生产各类空调机的大型合资企业。集团总公司成立于 1924 年，至今已有 90 多年历史，目前已成为一家活跃在空调、制冷、氟化学、电子、油压机械等多个领域的跨国企业，特别是在空调制冷方面，产品种类达 5 000 种之多，在日本空调的市场占有率始终保持第一，是世界上唯一集空调机、制冷剂和压缩机的研究、开发、生产于一体的专门企业。随着公司的迅速壮大，其对商用中央空调制造方面的人才需求也越来越大，在人才极度缺乏的情况下，2008 年以来，公司与重庆工商学校建立了长期稳定的校企合作关系，企业对职业教育现代学徒制项目试点合作意愿强烈，目前已经签署了校企合作协议，为项目试点提供了坚实的企业环境保障与支持。

第二章　跨界协同育人的理论基础

现代学徒制的跨界协同育人涉及政府、学校、行业、企业多个利益主体，要求各主体在育人方面通力合作、积极联动，保证现代学徒制的有效落实。在此之前，需要回答两个问题：各主体之间存在什么利益关系？如何协调各方才能达到利益最大化？只有了解相关理论，回答清楚了这两个问题，才能确保现代学徒制跨界协同育人的有效实施。

一、利益相关者理论

自弗里曼 1984 年出版了《战略管理：利益相关者管理的分析方法》以来，利益相关者理论在理论界成为研究热潮。利益相关者理论打破了传统的"股东至上"观念的束缚，对公司单边治理的管理方式提出疑问。与传统的股东至上主义相比较，该理论认为任何一个公司的发展都离不开各利益相关者的参与和投入，企业应当平衡好各个利益相关者的整体利益，而不仅仅是某些主体的利益。利益相关者理论主张一切与公司利益发展密切相关的个体、群体或集团等都在不同程度地投入、参与、监督或制约公司发展。利益相关者理论认为，组织发展与其利益相关者之间存在相互影响的作用，因此，组织的发展目标应该考虑到利益相关者的不同利益诉求，也应让利益相关者参与组织决策过程[1]。

米歇尔等学者在总结前人的基础上指出利益相关者必须具备三个属性之一：①影响力，即利益相关者本身影响决策的权力；②合法性，即利益相关者与企业关系的合法性；③紧迫性，即利益相关者对业务的要求的紧迫性。同时，在此基础上提出了利益相关者的分类，该分类可将利益相关者分为 7 种（如图 2 所示），核心利益相关者至少包含了三种属性中的两种，如权威利益相关者、关键利益相关者、

[1] 王龙 . 利益相关者理论视域下中国高考制度的演进 [D]. 南京：南京师范大学，2016.

从属利益相关者和危险利益相关者。这种分类考量的因素和划分类别，对于利益相关者的界定更为明晰，具有较好的可操作性，对于利益相关者理论的发展和推广具有十分良好的促进作用。

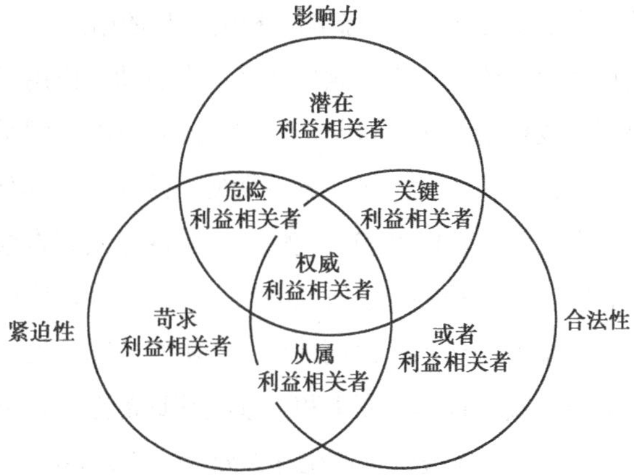

图 2　利益相关者的分类

利益相关者理论认识到在管理过程中有多个参与方，以利益相关者理论与社会变革理论相结合建立模型，协调政府机构、政治团体、当地社区和关联企业的关系[1]。西方学者从多个方面总结了利益相关者的定义，涉及众多领域与公众，包括政府、媒体、管理人员、股东、行业协会、供应商、客户、社区、环保组织、雇员等，形成了一个涉及诸多方面的研究体系，便于研究者系统研究。

二、协同论

协同学理论（Synergetics）是研究协调合作之学，由德国物理学家赫尔曼·哈肯于 1974 年创立[2]。自然界是由不同的运动形式、不同的物质层次（即不同的系统）所构成的统一的整体，各种系统之间既相互作用、相互制约，又相互依存、相互合作，通过对立面之间的统一和斗争，以一定的方式发展演化。不同的学科研究不同的运动形式、物质层次或系统，由于矛盾的特殊性不同，产生了不同的理论和方法，形成了不同的语言和风格。哈肯通过深入细致的研究，发现不同系统中的子系统的

[1] Friedman A. L., Miles S. Developing Stakeholder Theory[J]. Journal of Management Studies，2002，39(1)：1-21.
[2] Haken H. Synergetics[M]. Berlin: Springer，1977：147-189.

性质虽然千差万别，但是由这些子系统所构成的系统在宏观结构上的质变行为，即由旧的结构突变为新的结构的机理却是类似的，甚至是相同的，即都是协同作用的结果。不同系统的性质迥然不同，然而它们从无序向有序的转变却遵循某种共同的规律，这一发现是哈肯建立协同学这一新的学科的客观依据。

协同学是研究由多个元素或子系统组成的系统在驱动力作用下，通过系统内部元素和子系统的协调形成稳定的运行机制，实现协同效应的一门学科。协同学理论用于研究系统要素间的协调机理，通过要素管理使系统由无序演化为有序状态[1]。协同学指出系统具有目的性、功能性和稳定性。目的性促使要素通过功能实现系统的稳定和协同效应。协同效应是协同学研究的热点，通过经营管理机制对系统元素进行管理，实现单一要素无法达到的协同绩效[2]。协同学理论强调集成管理，指出系统由多要素或子系统构成，且单一要素和子系统都具备影响系统状态和功能涌现的能力，通过要素和子系统的集成管理产生马太效应，放大系统整体功能[3]。同时，系统处于不稳定状态，需要对系统要素和子系统经营管理，促进系统从无序向有序状态演化[4]。相比一般系统论，协同学理论指出系统的形成具有一定的目的性、功能性和稳定性，系统通过自我经营和管理机制，实现系统要素的功能，实现系统的稳定性和绩效涌现。

协同学把不同学科中共同存在的协同现象抽取出来作为自己的研究对象，研究一个系统内部各个子系统之间的协同作用是怎样产生的，系统怎样从杂乱无章变成井然有序，有序结构形成之后又会如何发展变化，变化的规律是什么，等等。协同学抓住了不同系统中存在的共性，提出了一套概念和方法，用共同的数学模型去研究各个学科不同的现象，因而具有方法论的意义。协同，或者叫协合、协作、合作现象、协同作用，是协同学最基本的概念。一个由许多子系统构成的系统，如果子系统之间的关联引起的协同作用占主导地位，这意味着系统内部自发组织起来了，系统便处于自组织状态，在宏观上和整体上就表现为具有一定的结构或功能。

---

[1] Haken H. Synergetics: An Introduction[M]. Berlin: Springer，1983：191-227.

[2] Gajda R. Utilizing Collaboration Theory to Evaluate Strategic Alliances[J]. American Journal of Evaluation，2004，25(1)：65-77.

[3] Larsen T S, Thernøe C, Andresen C. Supply Chain Collaboration: Theoretical Perspectives and Empirical Evidence[J]. International Journal of Physical Distribution & Logistics Management，2003，33(6)：531-549.

[4] Todeva E, Knoke D. Strategic Alliances and Models of Collaboration[J]. Management Decision，2005，43(1)：123-148.

三、系统论

理论生物学家L. V. 贝塔朗菲（L. Von. Bertalanffy）在1932年发表“抗体系统论”，提出了系统论的思想；1937年提出了一般系统论原理，奠定了系统论的理论基础[1]。贝塔朗菲的一般系统论属于系统科学的基础理论研究，又包含很多哲学议论，尽管也引入一些数学工具，基本属于对系统现象的定性研究，他的一般系统论在很大程度上可以称为系统概念论。这些著作中可用于解决实际问题的内容很少，但他对系统概念和系统思维的阐发是全面、系统和深刻的。贝塔朗菲任务系统是“处于相互作用中的诸元素的复合体（complex）”。把系统的组分追究到元素，在多元性和关联性之外不再施加进一步的限定，使这个定义可以普遍适用于不同领域和层次，因而属于基础科学层次的系统定义。贝氏定义的缺点是复合体一词相当含糊，尚需进一步界定。或许是考虑到这一点，贝塔朗菲有时用集合取代复合体，称系统为“处于相互作用中的诸元素的集合（set）”。贝氏把这样的系统称为一般系统，把他的理论称为一般系统理论。

我国学者苗东升在贝塔朗菲及其他学者的基础上总结出了系统的四个基本特性[2]：①多元性或多组分性。多组分性是系统之为系统的实在前提，或物质基础。一个系统至少要有两个组分，系统的常态是包含多个组分，有些系统具有成千上万甚至更多数目的组分，理论上存在包含无穷多个组分的系统。②相关性（相干性）。相关性是造就系统的充分条件，相关性本身隐含着多元性（单一组分无所谓相关），相关性在形成系统中具有决定性作用。同一系统的不同组分之间必定相互关联，系统不存在孤立元，即跟别的组分没有联系的组分。③统一性或一体性。一体性要求意味着系统具有完全性、完备性和完满性。多元性加上相关性，造就了系统的一体性。诸多对象一旦相互联系而成为系统，它就能够作为统一体而与他物发生关系，与他物相互作用，因而被人们当成一个事物去认识和对待。④整体性。多元性是基础，相关性是主导，一体性是目标，三者综合起来，造就了系统的整体性。作为系统的事物必定整体地存在，整体地运行，整体地延续，整体地跟其他事物发生关联，整体地演化，整体地消亡等，呈现出一系列整体特性。整体性包含了多元性、相关性和一体性，整体性是系

[1] 冯·贝塔朗菲．一般系统论：基础、发展和应用[M]. 林康义，等译．北京：清华大学出版社，1987.
[2] 苗东升．系统科学概览[M]. 北京：中国书籍出版社，2020：9-17.

统最重要的属性。

在系统研究中，局部和全局、部分和整体、组分和系统互为对位概念。局部与全局的关系，部分与整体的关系，组分与系统的关系统称为局整关系。局整关系是系统科学和系统哲学关注的基本问题之一，贯穿于系统研究的各方面[1]。局部与全局是相互依存、相互需要的。全局是相对于局部而言的，局部也是相对于全局而言的。组分或要素是系统作为系统的实在基础和前提，从系统中分离出来的要素不再是系统的要素。笼统地谈论局整关系还不够，不同局部与全局的关系往往各有特点，不同局部在系统全局中的作用不同，有时差别很大，须分别对待。科学的辩证的局整观不仅讲局部服从全局，还要讲全局服务于局部。所以，保护和照顾局部是系统整体固有的义务和责任，在管理局部的同时还应尊重局部，在使用局部的同时还应培养和保护局部，这才是系统之为系统的核心价值所在。

[1] 郭治安，沈小峰．协同论 [M]. 济南：山东经济出版社，1991：79-98.

第三章 跨界协同育人的整体架构

时代前行的脚步，永不停歇；教育发展的潮流，勇往直前。重庆工商学校顺势而为、乘势而上，以改革创新为动力，积极探索办学模式和人才培养模式改革，勇当职教改革大潮的弄潮儿。新形势下，学校大力发展跨界协同育人，创新实施“标准建构、异地协同、双栖双培”的人才培养探索与实践，取得了显著的育人成效，为中职学校现代学徒制人才培养提供了可复制可推广的典型范例。

一、“标准建构、异地协同、双栖双培”的人才培养模式特征

（一）人才培养模式的跨界性

跨界育人是职业教育充分实现育人功能，走向科学办学的有效路径。通过校企合作，打通教育界与生产界的壁垒，建立行业指导、企业参与的办学机制，实现跨界育人的培养模式。从专业设置的角度入手，与企业共同育人，能紧跟行业发展趋势，确保人才培养与企业需求紧密对接，精准实现人才出口对标行业企业标准。学校与企业达成跨界育人合作协议，与企业达成共同的目标导向、校企互惠、形成共同利益、资源互换，通过与企业的深度交流与沟通，促进学校在区域建设与行业发展中快速明晰自身专业的发展定位，及时把握行业内外的发展动态并结合区域经济发展，树立特色的专业品牌。从课程教材建设的角度而言，学校教师与企业专家共同成立教学团队，明确人才培养方案，确立课程体系的建设、探讨项目教材的开发、推动实训基地的建设、促成学生实习实践的方案、完善学生多元化考核评价，让学生有更加充分的时间和机会了解行业发展的最新趋势、深入生产服务一线，在真实的工作情境中沉浸式学习，将专业技能和职业素养内化吸收，形成岗位的职业胜任力和可持续发展的专业能力，成为具有高技能的行业紧缺人才。在整个人才培养的过程中，学校与企业专家联系紧密、密切沟通，

与企业专家定期互访研讨，不断明晰人才培养的目标、总结培养过程的有效经验，并将其切实落实人才培养中的各个重要环节。校企合作过程中，以人才培养目标为基本出发点，从实际情况出发并不断顺应行业技术发展的新要求，不断将行业的新工艺、新技术、新需求融入教学过程，并且将理论教学与实践教学有机结合，促进教学质量的提升。从人才评价的角度出发，学校建立了多元化的评价考核体系。学校坚持构建高质量的多元化评价体系，遵循评价主体多元化原则，基于利益相关者的视角，将传统的教师评价为主的评价状态逐渐转变为“尊重学生学习主体性，发挥教师主导作用，推动企业参与”的多方评价主体格局，重视企业专家的指导与建议，引入实际生产的标准与校园实践相结合作为技能考核标准，明确知识、技能、素养的三维教育目标，体现人文性与职业性的统一。通过学生在企业和学校的学业表现，综合评价学生的发展，推动教学不断优化，促进人才培养质量的提升。

（二）人才培养模式的协同性

以新技术、新产业、新业态、新模式为核心的产业发展趋势，推动了劳动力市场对实践型和高技术型的人才需求不断提高，迫切要求教育领域展开变革性的人才培养模式。但当前校企合作育人的形式仍普遍存在表面化、低层次、松散式的问题。学校以产业深度融合为前提，提高校企双方的权益紧密性，校企协同育人，形成共同的价值导向，共同研讨制定人才培养方案，整合各方优质资源，促进高素质高技能人才的培养，实现多方共赢局面。学校坚持校企育人标准定位一致，积极与企业共同探讨人才培养方案的制定，了解行业企业人才需求，将课程教学标准与行业职业标准相对接相融通，注重培养环节的理实一体化；及时沟通行业产业发展的新动态，并迅速调整培养方案和教学内容；邀请企业参与学校实践教学的设计当中，提高学校实践课程的教学质量。学校确保育人发力步调一致性，重视建立信息交流和共享机制，畅通各项沟通协调的方式与路径，不断完善信息交流与共享机制，建立定期交流沟通机制，建立平等对话的渠道和平台，促进学校和企业间相关利益主体的协商对话，协调各方利益和建立利益分配机制和监督机制，确保各方能互相信任、团结协作共同在育人方面发动相关能量，使育人效能最大化。学校推进校企评价考核协同性，对学生学业进行多方位的评价，积极与各方协调沟通，加强对学生学习发展全过程的监督管理；学校内课程学习的评价与企业内实习实践的评价结合，综合分析学生的学业发展，促进双方协同共评，建立质量监控体系和保障体系，促进职校育人工作的优化和持续改进。

（三）人才培养模式的科学性

职业教育对人才的培养不仅要体现职业性，同时也要体现教育的人本性。职业学校的教育工作不仅要推动学生的潜能的发展、促进学生的个性发展，还要赋予学生走向社会的专业技能，让学生拥有创造广阔人生的机会。职业教育培养适应社会经济发展的职业人，要以服务区域经济社会发展为重要目标，推动行业发展为己任，这一本质的功能必然要求职业学校与职业界的联合，与行业企业进行广泛联系，广开教育教学思路，深化校企之间的合作。更进一步而言，当前产业结构转型升级，单纯依靠学校这一主体培养技能型人才的情况已经出现种种矛盾与困难。单靠学校一方的努力，学生的培养在知识与技能的宽度、创新思维、岗位迁移能力、产业链知识等方面都存在不同程度的缺乏，育人成效无法得到行业企业的认可，人才的能力无法达到劳动力市场的要求。从而促使学校必须重视校企合作的人才培养模式，以人才培育为出发点，以专业优势为依托凝练特色，吸引优质企业参与建设，紧跟行业企业发展趋势，以行业标准作为发展指导，提升人才培养的针对性和适应性。校企联合培养人才的教育模式，推动企业、行业深度参与，建立紧密衔接、无缝对接的会商互动机制，建立校企合作的实践项目，拓展学生职业能力培养的创新教学模式。通过与企业的定期沟通对话，了解企业用人的切实需求，针对当前行业发展与企业人才需求，不断修订专业培养的目标、完善人才培养方案，优化课程建设、提升教学质量、强化质量评价体系。职业学校的内涵式发展离不开企业的支持，与企业展开深度的育人合作，实现资源的优势互补、双赢发展，促进学校人才的高质量发展，培养满足新时代背景下社会紧缺的高技术技能型人才。

二、中国特色学徒制跨界协同育人的实施条件

传统的职业教育局限于学校场域，教学围绕学科知识展开，与职业界缺乏交流沟通，无法培养出市场需求的技术人才。学徒制自古以来，一直在手工艺界具有广泛和成功的运用。我国的学徒制历史十分悠久，在不断发展的过程中一直保留至今，

不断吸收时代精神，不断改进和完善。我国悠长的学徒制发展历史为我国发展新时代的特色学徒制奠定了坚实的基础。中国特色学徒制的基本模式表现为政府推动、校企合作、学生本位的多方参与联动的人才培养模型，更进一步而言，政府引导与助力行业、企业、学校为职业教育的学生提供适应当今社会发展的职业技能和职业素养教育，结合行业发展趋势和岗位发展路径关注学生生涯发展方向，为学生的职业发展创造和提供更多的助力。

（一）统揽全局、自上而下的顶层设计

制定相关的导师制度，发展新型师徒关系。联合行业企业，邀请行业专家、技术骨干、劳动模范担任学生的企业导师，教导学生技术技能，言传身教中传授学生生产注意事项、操作标准，带领学生熟悉行业生产规范、企业生产环境、企业工作流程。中国正在从制造大国向制造强国转变，经济社会需要更多的具有优秀职业技能和工匠精神的高级技术人才。师徒关系是工作场所中，掌握先进知识经验和工作技能的有影响力的人，为新进职员提供职业帮助、技术支持和道德指引的一种互动性的教学关系。师徒制中徒弟能更加全方位地融入工作环境，适应新的职业场所和工作事项，在师傅的带领和影响下，学生会潜移默化地学到爱岗敬业、严谨求实、精益求精、追求卓越、勇于创新的工匠精神。在师傅带教的过程中，徒弟往往容易收获更高的自我效能感、更活跃的创造力，更愿意在工作中实现自我价值。建立平等、民主、友善的师徒关系，师傅与徒弟在人际关系层面是平等而独立的个体，并不是过去的技能依附的关系，也不是上下级的等级关系，重视师徒关系中的双向平等，企业师傅帮助徒弟技能发展的同时尊重徒弟的个性发展，倾听徒弟的不同见解与想法，促进徒弟参与学习的积极性与主动性，构建民主平等的师徒关系。

推进企业课程建设。现代学徒制中的企业课程建设，是校企合作和产教融合下的非常重要也极具特点的关键环节。首先，企业课程的开发建设，必须坚持学校本位与企业本位的双向融合，发挥学校与企业的双主体作用开发校企一体化课程。学校课程与企业课程必须是一脉相承、相互衔接、相互融通。基于此，必须建构起课程的计划性思维方式，促成学校教师联合企业师傅共同开发课程，确立并完善一体化课程的标准体系。将工作过程的规律与教育发展规律相结合，注重学徒的技术操作、职业素养、企业文化方面的学习与内化。其次，推进课程评价

建设。改变传统的不同课程使用同一考核方式的办法，考虑学校课程与企业课程之间的差异，根据不同的课程的培养任务针对性、有效性地选择最匹配的评价考核方式，准确、全面地对学生的学习成效进行考量，实现教育评价促进教学质量提升的作用。

加强学徒制培育过程的成果评估。学校加强现代学徒制的监控和管理力度，通过不涉及参与主体和客体利益的第三方评估机构，定期对现代学徒制实施过程和结果监测与效果评估，确保现代学徒制建设工作顺利推进，保证现代学徒制实施过程的高质量。对于校企合作期间，人才培养成效显著的优质企业，给予一定的奖励与表扬，鼓励企业继续探索、开发和培育学徒制的人才，后续学校也将加大力度与企业开展更广泛、更深入、更全面的合作，加深与行业企业间的深度交流与沟通，厘清不同主体的利益需求，构建各个主体深入参与的格局，形成教育合力，培养社会紧缺人才，推动现代学徒制的可持续发展。

（二）积极配合、双向联动的行业企业

学校通过联合四个责任主体，形成了“政府部门主导、行业指导、校企实施”的现代学徒制制度框架体系。制定校企成本分摊办法，建立双方利益平衡机制；明确校企矛盾解决方案，建立定期沟通协商机制；加强校企合作规范指导，建立教学主体管理机制；关注校企协同办学质量，建立教学质量监测机制。学校联合企业经过多次交流与探讨，为学生配备了学校教师、企业导师和生产岗位师傅进行追踪式、全方位的能力指导，学生通过在企业的生产岗位中进行“识岗、试岗、轮岗、定岗、顶岗”递进式学习过程，逐渐熟悉相关的生产加工环境、进行实操，在实践过程形成良好的职业素养和正确的价值观。企业师傅通过日常工作的演示、讲解等教学方法向学生传授自己拥有的经验、技术，同时将企业的管理运作方式和企业文化潜移默化地传递给学生。企业师傅和校内任课教师就课程中的基础知识、岗位技能、职业素养进行研讨，有效优化课程实施，提升课程品质，发展课程实施能力。学校教师与企业师傅一起联合追踪学生在企业期间的情感状态、学业情况、生活适应与工作进展等的动态，关注学生的身心发展，与学生保持密切联系，及时了解学生的困惑与问题，帮助与关怀学生的成长。

（三）全面充分、多方着手的学校保障

从管理体制方面而言，学校形成了三级管理体制，一是设立职业教育现代学徒制深化改革工作组一级统筹机构，总体负责现代学徒制的统筹工作；二是下设行业指导委员会、督导与评估委员会等二级执行机构，负责技术支撑、督导评估等工作；三是在职业院校与企业设立三级实施机构，主要负责共同研制人才培养方案、开发课程和教材、共建实训实习基地、共同开展教学研究、共同组织考核与评价等。

从制度建设角度而言，重庆工商学校作为全国首批现代学徒制试点单位，以开展试点工作为契机，同步推进了现代学徒制制度建设研究与探索实践。进一步总结了现代学徒制试点工作的已有实践经验，提出了一系列合理化的建议，制定和完善了相关制度。一是在专家的指导下完成了资政报告，提出了职业教育现代学徒制制度建设的对策建议；二是草拟了《重庆市职业教育现代学徒制制度建设实施改革方案（草案）》与《重庆市职业教育现代学徒制建设促进办法（草案）》；三是制定了《关于现代学徒制校企合作企业遴选办法》《现代学徒制校企双主体育人运行的办法》《校企合作共建校内外实习实训基地的办法》《现代学徒制招生招工的管理办法》《第三方质量监测与评估制度》等涵盖企业教学、招生招工、双师互聘共用等 10 个方面的标准以及 23 项制度，并将这一系列的标准、制度汇编成册，物化研究实践成果。

从资金保障的条件而言，建立了政府部门、企业、学校、社会等多元投入机制，拓宽资金来源渠道，建立职业教育现代学徒制建设专项基金，引导和支持职业教育现代学徒制建设。企业在道场建设、培训耗材、差旅、学徒工作服、体检、保险、奖学、帮困、导师带教工资、学徒顶岗实习工资待遇等方面支出 231.991 727 万元人民币。重庆工商学校在校企交流、课题研究等方面共产生了差旅费 5.906 69 万元人民币，企业导师到校授课课时费 6.322 3 万元人民币，接待餐饮费 6.553 8 万元人民币，实训室改造 14.764 4 万元人民币，采购智能互动平台 3.810 0 万元人民币。现代学徒制制度建设课题研究咨询费 17.88 万元人民币，骨干师资建设 23 万元人民币，共计 78.237 19 万元人民币。重庆市财政拨付专项资金 30 万元人民币，江津区财政配套拨付 105 万元人民币，均已到位，主要用于课程标准及教材开发、双导师培养、企业师傅的带徒津贴等。

建立职业院校从行业企业引进高端技能人才政府部门购买服务补助机制，充分发挥高端技术技能“领军人才”的带动、引领作用。各级财政部门建立健全职业教育现代学徒制建设专项基金管理和监督制度，确保基金主要用于现代学徒制建设相关项目。

（四）形式丰富、遍地开花的理论研究

关于中国特色学徒制校企协同育人的内涵研究，佛朝晖认为获得工匠知识、实践知识是中国特色学徒制的重要特点，中国特色学徒制在标准制定上聚焦标准体系建设，构建整个标准的衔接和贯通，即专业与产业、课程与职业、教学与生产的对接，建立中国特色的学徒制标准等级，中国特色学徒制具有全纳性、学位贯通性、终身学习性、多元主体办学性[1]。刘育锋对中国学徒制的本质属性进行了探索，认为中国特色学徒制具有一般学徒制的特征，即具有依附性、结构化、职业准备的特质，依附性指依靠双主体——企业以及学校，结构化体现为学徒标准的开发的结构化、学徒标准开发的规范性[2]。赵鹏飞、刘武军等人在现代学徒制的试点现状的基础上分析了中国特色学徒制的基本内涵，总结为双主体育人结构、学徒双重身份、工学交替原则、岗位对口培养。

关于中国特色学徒制校企协同育人的现状研究，桑雷认为中国特色现代学徒制面临三大现实困境，一是缺乏政府的顶层设计难以有制度方面的支撑；二是缺乏学校利益、学徒利益、企业利益各方平衡的规约机制；三是无法对企业学徒阶段的实践进行科学、有效的评价[3]。张建平、孙立新认为在试点过程中国家和地方已经出台了一些相应的制度，并在学校层面开始试点探索现代学徒制本土化的路径，取得了一定的社会效应，但是企业试点动力不足、师徒关系异化、工匠精神无法有效培育、生源结构仍然局限在学龄段的学生无法面向更多的社会人群、学徒制教学标准体系不健全等问题[4]。

关于中国特色学徒制校企协同育人发展路径研究，赵鹏飞、刘武军等人认为推动中国特色学徒制的高质量发展，一是推动学徒制立法，推进产教融合、普职

[1] 佛朝晖．中国特色学徒制：价值、内涵与路径选择 [J]. 职业技术教育，2021，42(28)：6-11.
[2] 刘育锋．中国特色学徒制探索 [J]. 中国职业技术教育，2021(12)：87-93.
[3] 桑雷．中国特色现代学徒制的三维透视：内涵、困境及突破 [J]. 现代教育管理，2016(6)：94-98.
[4] 张建平，孙立新．中国特色现代学徒制试点现状研判及推进路径 [J]. 职教论坛，2021，37(12)：12-17.

融通、纵向贯通的学徒制体系；二是完善各主体的保障与支持政策；三是健全学徒制标准体系；四是建构学徒制评价与监管体系；五是形成切实有效的学徒制工作指南[1]。朱国华、吴兆雪从战略布局的角度对学徒制的试点进行了分析，认为学徒制必须在进行几方面进行推进，首先是改革职业教育招生考试制度允许更多元化的生源流入；其次是实现学徒制在培养体系上的纵向贯通；再次是培育区域支柱产业对应的特色专业，服务地方产业发展；最后是对学徒制企业、企业师傅、学徒进行资金支持与保障，推动学徒制的发展[2]。

[1] 赵鹏飞，刘武军，罗涛，等．现代学徒制中国实践、国际比较与未来展望 [J]. 职教论坛，2021，37(12)：6-11.
[2] 朱国华，吴兆雪．现代学徒制的战略布局、试点现状与推进策略 [J]. 职业技术教育，2019，40(6)：25-29.

第二篇

创新实践篇

DI ER PIAN CHUANGXIN SHIJIAN PIAN

现代学徒制作为工学结合人才培养模式的深化，其内在的逻辑体系和运作流程蕴含着丰富的职业教育思想，具有深刻的教育价值。这种“工”与“学”的交替、将工作与学习相融合的教育模式的建构和发展，是新形势下职业教育本质特征赋予现代学徒制的新内涵，因此，其实践策略也将发生相应的变化。重庆工商学校针对制冷专业现代学徒制人才培养中教学标准体系不完善、传统教学模式不适宜校企异地教学需要、校企双师能力不兼备、不能发挥协同育人成效等突出问题，立足基于人才培养全过程的标准体系为“前提”，以互联网＋技术手段的教学平台为“支撑”，以校企双师五级培训制度为“保障”，创构“标准建构、异地协同、双栖双培”人才培养新模式（如图1所示）。

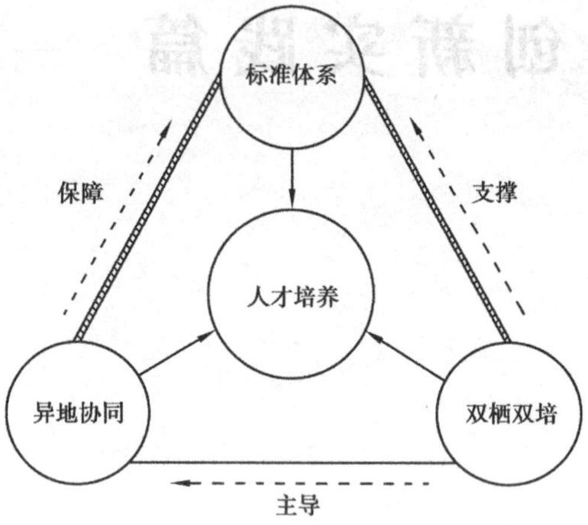

图1　“标准建构、异地协同、双栖双培”人才培养模式

“标准建构”即构建了企业遴选标准、师傅选拔标准、课程标准、出师标准等10个涵盖现代学徒制人才培养全过程的标准体系；“异地协同”即通过异地校企远程教学系统，实现双师共育、双线深融，达到协同育人的效果；“双栖双培”即教师与师傅互聘互薪、互培互认，增强双师能力，提升育人质量。

第四章 “一案十标”人才培养体系

重庆工商学校、大金公司、重庆市教科院、重庆市制冷学会共同组建专业建设委员会，面向市内外 56 家制冷行业企业和 67 所中职学校，开展人才需求调研、典型工作任务分析、成果论证等 98 次，研制了中职制冷专业人才培养方案，以及学徒选拔标准、师傅遴选标准、课程标准、出师标准等 10 个涵盖现代学徒制人才培养全过程标准体系（如图 2 所示）。经过 6 年实践，解决了现代学徒制人才培养过程中“培养什么样的人、在哪里培养、谁来培养、怎样培养、如何评价”五个关乎人才培养质量的关键问题。

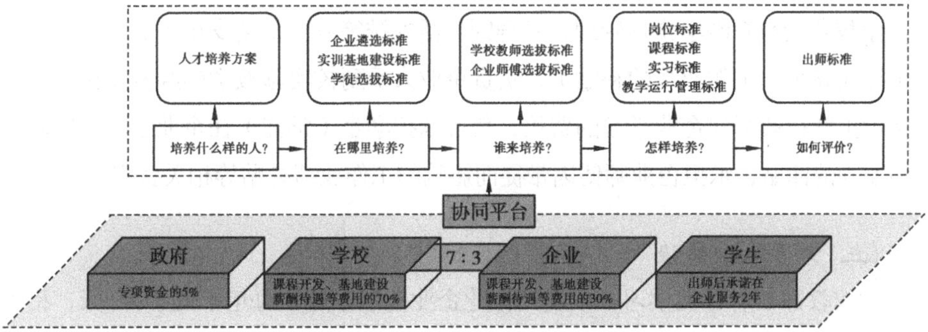

图 2 “一案十标”人才培养体系

一、多方协同的人才培养主体

为完善质量保障体系，明确政府、学校、企业多方职责、分工，推进校企紧密合作、协同育人，重庆工商学校创建“一案十标”人才培养体系，该体系坚持学校主导、企业协同、政府配合，校企双方按照“优势互补，互惠互利”的原则分担育人成本，规范资金投入及使用，共同制定《重庆工商学校关于现代学徒制校企双方育人成本分担的管理办法》。

根据重庆工商学校与大金空调（上海）有限公司校企合作协议，基于成效共享，育人成本校企按 7∶3 的比例分担，其中，学校承担课程开发、基地建设、薪酬待遇等费用的 70%，企业承担课程开发、基地建设、薪酬待遇等费用的 30%，政府每年切块职教专项资金的 5% 用于绩效考核，学生承诺出师后服务企业 2 年及以上，形成了政、校、企、生成本分摊办法，建立了利益平衡机制，建构了校企育人共同体，形成了“学校、企业、政府”多方协同的育人平台，保障了人才培养质量。具体而言，“学校、企业、政府”多方协同的育人主体主要从以下几个方面参与制冷专业现代学徒制人才培养。

（一）实训基地建设

校企共同规划建设校内外实训基地，校外实训基地由企业提供场地及实训设备，校内实训基地由学校提供实训场地，企业提供实训设备。

（二）教育教学

学校负责教育教学常规管理、双导师生活安排等方面费用支出（负责学校导师因带徒而减少的工作业绩的补贴），负责企业人员到校实施教学的经费支出。企业负责承担学校教师到企业学习的费用，负责承担学生（学徒）在企业学习、实习、顶岗期间的津贴，承担企业师傅因带徒而影响的工作业绩补贴等相关费用。

（三）师资队伍建设

学校教师参与各类学习，以及到行业企业挂职锻炼，每年不低于 30 天，相关费用由学校支出。企业师傅参加各类培训及到校挂职锻炼，每年不低于 30 天，相关费用由企业支出。

（四）课程开发经费

校企双方共同实施行业调研，制定岗位标准、课程标准，编制人才培养方案，开发教材及信息化资源等相关费用由校企双方各自承担 50%。

（五）学生（学徒）相关经费保障

学校按国家规定组织购买学生（学徒）在学校学习期间及在企业识岗、试岗、顶岗期间的各类保险（含意外伤害险和实习责任险）。学生（学徒）在学校学习期间，由学校和企业为学生（学徒）提供助学金、奖学金及工作服装。在企业学习期间，企业支付学生（学徒）生活补贴；在企业顶岗实习期间，企业支付学生（学徒）生活补贴和岗位工资。

（六）校企双方实习实训费用

企业承担学生（学徒）实习实训耗材、生产过程产生废品、师傅带徒弟产生的误工等相关费用。学校承担学生（学徒）在校期间实习实训耗材和设施设备损耗等相关费用。

（七）导师奖励津贴

学生（学徒）出师后，校企共同承担对导师的奖励津贴。

二、全面覆盖的人才培养平台

重庆工商学校注重现代化教学资源和课程资源的开发与利用，依托学校智慧云平台课程资源，实施线上线下混合教学、理实一体和课堂翻转的教学模式。

线上以理论教学为主，线下以实训教学为主，理论与实践的结合充分体现出以能力为本位、以行动为导向，做中学、做中教及因材施教的教学原则。课前，教师将学习资料上传到智慧云平台并发布预习任务，学生自行学习线上资源并完成课前测试，教师根据学生的学习情况进行学习数据分析，通过与学生互动交流，收集学生反馈的课程重、难点，以便进行针对性教学。课中，师生通过翻转课堂的模式实现交流互动，在教师的指导下学生进行分组，通过项目引领与任务驱动，学生在讨论交流中完成学习任务，强化应用技能，并在课堂上进行成果汇报，由教师进行指导、答疑与评价。课后，学生认真完成章节测试、章节作业，教师及时批阅单元作业，分析学习数据，并更新教学资源，以便学生进行讨论发帖和拓展学习（如全面覆盖的人才培养平台表所示）。在这个过程中，学生可以通过交互平台与教师或其他学习者沟通交流，体现了学习过程的泛在性、主动性和互动性。此教学模式打破了时空限制，充分让学生在学习中促实践，在实践中促技能，真正实现了学生时时、处处均可学习，满足了学生学习的个性化需求。

全面覆盖的人才培养平台表

对象	课前（线上）	课中（线下）	课后（线上＋线下）
教师	上传学习资料 发布预习任务 分析学习数据 收集重点难点	翻转课堂 分组轮换 项目驱动 指导答疑	批阅单元作业 在线答疑解惑 更新教学资源 分析学习数据
学生	自学线上资源 完成课前测试 在线互动交流	任务实施 技能强化 谈论交流 成果汇报	完成章节测试 完成章节作业 讨论发帖提问 在线拓展学习

其一，开发和利用常用课程资源。充分利用已有的各类教学资源，选用符合教学要求的投影、视频、微课、习题集、幻灯片、虚拟仿真、电子教案、多媒体课件、企业生产现场参观等辅助教学资源。一方面，通过创设形象生动的工作情景激发学生的学习兴趣，增强学生的知识理解，使学生加强自主学习、合作型学习、探究型学习，以提高教学效率和质量。另一方面，通过加强课程资源的开发和多媒体课程资源数据库的建设，实现了跨学校多媒体资源的共享，提高了课程资源利用率。

其二，开发和利用网络课程资源。充分利用诸如微视频、PPT、动画、案例库、开放课程、拓展资源等在线资源，以及电子书籍、电子期刊、数据库、数字图书馆、教育网站和电子论坛等网络信息资源。网络课程资源搭建了远程教学平台，扩大了课程资源的交互空间，实现了信息从单向传递向双向交换转变，学生从单独学习向合作学习转变、从抽象学习向形象学习转变、从单方面学习向多维度学习转变。

其三，产学合作开发实训课程资源。充分利用合作企业资源，加强校企合作、工学结合，建立实习实训基地，满足学生的实习实训要求，为学生就业创造机会。同时，通过建立开放式实训中心，使之具备现场教学、实训、专业技能证书考证的功能，实现了教学与实训合一、教学与培训合一，满足了学生综合职业能力培养的要求。

三、详细充实的人才培养方案

人才培养方案是围绕人才培养目标而对学生在校期间的教育、教学、学习、训练等活动进行设计和实施的规划，是校企组织教学、实施教学管理、培养适应社会实际需要人才的重要依据，是校企对教学质量进行监控和评价的基础文件。

重庆工商学校聘请职教专家和行业企业的技术能手开展职业能力分析，校企双方编制了《重庆工商学校关于校企共同制定人才培养方案与标准的办法》。该办法的主要任务在于校企共同开展人才需求调研、共同开展职业能力分析、共同构建课程体系、共同制定教学标准和课程标准、共同编制人才培养实施方案、共同编写教材、共同开发信息化教学资源、共同建设实训基地、共同制定考核评价标准，以提高质量为核心，以增强特色为重点，强化实践教学，创新以现代学徒制为主的工学结合人才培养模式，科学构建课程体系和教学内容。同时，该办法坚持五大基本原则，即重庆工商学校与合作企业制定人才培养方案需遵循的五大原则，具体如下。

（一）坚持立德树人，全面实施素质教育

要坚持育人为本、德育为先，要把社会主义核心价值体系、现代企业优秀文化理念融入人才培养全过程，强化学生职业道德和职业精神培养。同时，要重视学生全面发展，推进素质教育，增强学生自信心，满足学生终身学习和可持续发展需要。

（二）坚持以服务为宗旨，以就业为导向，科学定位人才培养目标

要跟踪市场需求变化，主动适应和服务区域、行业经济和社会发展的需要，结合重庆工商学校和大金空调（上海）有限公司的实际情况，及时调整人才培养方向和目标定位。要从职业岗位分析入手，对职业岗位能力进行分解，结合职业资格标准，明确一般职业能力和核心职业能力，并围绕核心职业能力的培养和形成，科学构建专业课程体系。

（三）突出实践能力培养，创新以现代学徒制为主的工学结合人才培养模式

以产教融合、校企深度合作为载体，创新工学结合人才培养模式，优化实践教学环节设计，突出教学过程的实践性、开放性和职业性，促进专业与产业对接、课

程内容与职业标准对接、教学过程与生产过程对接、学历证书与职业资格证书对接、职业教育与终身学习对接，以强化学生实践能力的培养。

（四）积极推进教学标准化建设，坚持能力评价社会化

要积极邀请和聘请行业一线专家参与人才培养方案的修订和论证，指导课程开发和教学标准化建设，努力做到“五个引入”。定向培养的专业要与行业企业一起制定人才培养方案。要根据专业技术领域和职业岗位（群）的要求，参照职业资格标准，积极推进专业标准、课程标准建设。要更新教学质量评价标准，引入社会和用人单位评价机制，将过程控制和目标控制有机结合起来。要根据行业实际情况，要求学生参加相应的技术技能等级考核、职业资格认证，落实“双证书”（即毕业证书与职业资格证书或毕业证书与技能等级证书）制度。

（五）坚持“一年一届一修订”的定期修改制度

在每年上半年，由领导小组组织学校企业行业等各方面专家，对人才培养方案进行修改，负责人才培养方案修订的同志，要认真学习、研究国家、行业、部门和学校的相关规定，同时，根据专业的办学优势和企业的优势，在课程设置、教学环节和学时安排等方面可以具有一定的灵活性和机动性，以便发挥特长，形成特色。

学校现代学徒制电子技术应用专业（空调制造方向）人才培养方案

一、专业基本信息

专业名称：电子技术应用（空调制造方向）

专业代码：091300

专业类别：电子技术

学习形式：岗位培养

办学层次：中专

学制：弹性学制（三年）

招生对象：具有初中学历毕业生

二、培养目标

本专业主要培养大金空调（上海）有限公司一线核心岗位高技能人才，通过校企联合培养，使其具有空调制造的核心能力，能熟练掌握空调制造的专业知识，具备从事设备组装、管道焊接、喷涂、设备维护维修等岗位工作和可持续发展能力的复合型技术人才。

三、职业岗位面向

电子技术应用专业空调制造方向主要是为大金空调（上海）有限公司定向培养人才根据企业岗位用人需求确定毕业生的职业领域和就业岗位，如职业领域及主要就业岗位（群）表所示。

职业领域及主要就业岗位（群）表

序号	职业领域	就业岗位		职业资格证书	相关职业资格证书
		首岗	升迁岗位		
1	空调制造	产品组装工 管道焊接工 喷涂工 品质检员	制造部管理岗位 公司管理岗位	制冷工 电气维修工	计算机等级证
2	设备维护	设备维护工 电气设备维修工			

四、人才培养规格

电子技术应用专业（空调制造方向）以电子技术应用专业为基础，第一年开设专业基础课程，第二年开始根据专业方向学习，如人才培养规格表所示。

人才培养规格表

培养规格	专业方向
	商用中央空调产品制造
素质要求	①爱岗敬业、热爱企业、诚实守信、吃苦耐劳的优秀品质 ②良好的职业道德和职业素质，遵守企业规章制度 ③具有良好的人际交往能力、团队合作精神 ④具有健全的人格、强健的体魄、良好的心理素质和行为习惯 ⑤具有良好的科学文化素质和技术业务素质，能适应岗位要求

续表

培养规格		专业方向
		商用中央空调产品制造
知识要求	专业基础知识	①掌握本专业的技术基础理论知识，适应电子技术应用方面的工作范围 ②掌握机械零件图与装配图的识读、绘制知识 ③掌握计算机基础知识 ④掌握电气控制、PLC 控制技术的基础知识 ⑤掌握电气设备的性能、结构、调试和使用的基本知识 ⑥掌握基本单元电路的组成、工作原理，分析估算方法 ⑦掌握电子测量的基本知识，常用电子测量仪器的用途、性能及主要技术指标
	专业知识	①掌握常用制冷维修工具、元件及材料的认识与使用方法 ②掌握家用电冰箱的工作原理及维修 ③掌握空调压缩机的结构、工作原理及维修 ④掌握空调基本电子电路特点，对电路进行相应分析 ⑤掌握空调器的结构、工作原理、安装与调试 ⑥掌握空调设备运行与控制的方法 ⑦掌握应用 PLC 控制技术对空调设备进行控制的方法 ⑧掌握空调设备运行操作管理与维护的方法 ⑨掌握空调设备进行调试、维修与技术支持的知识
能力要求		①具有识读空调产品的技术资料的能力 ②具有运用计算机处理工作领域内的信息和技术交流能力 ③会合理选用电子仪表与仪器，按要求测量空调产品的技术指标 ④具有熟练的空调设备操作、空调产品装配和维护能力 ⑤具有熟练进行产品检验和质量管理的能力 ⑥具有熟练进行生产技术实施的能力 ⑦具有使用制冷专用工具进行制冷设备日常维护的能力 ⑧具有空调器产品制造工艺改进技术的能力 ⑨掌握文献检索、资料查询的基本方法，具有一定的科学研究和实际工作能力

五、课程体系

（一）课程体系构建总体要求

根据电子技术应用专业的基础性知识和基础能力要求，结合空调制造岗位素质、知识和能力要求，构建“基础课程 + 专业技能”的课程体系。通过对职业素质及电工电子应用支撑技术的分析确定基础平台课程，通过空调制造岗位能力分析确定专业方向及专业拓展课程。即第一学年进行文化基础、专业基础知识和专业基础技能训练，完成学徒生基本职业素质的培养；第二学年开始进行专业方向课程的学习和企业实践，完成学徒生职业能力的培养。

（二）职业资格证书课程

在人才培养方案设计中，学徒生需取得至少一个职业资格证书，学徒生在学习期间根据合作企业的岗位技能需求，空调制造方向可考取制冷工证书、维修电工证书。在课程体系中，引入制冷工、维修电工职业资格标准、考核标准，并设置相应课程。

（三）课程结构

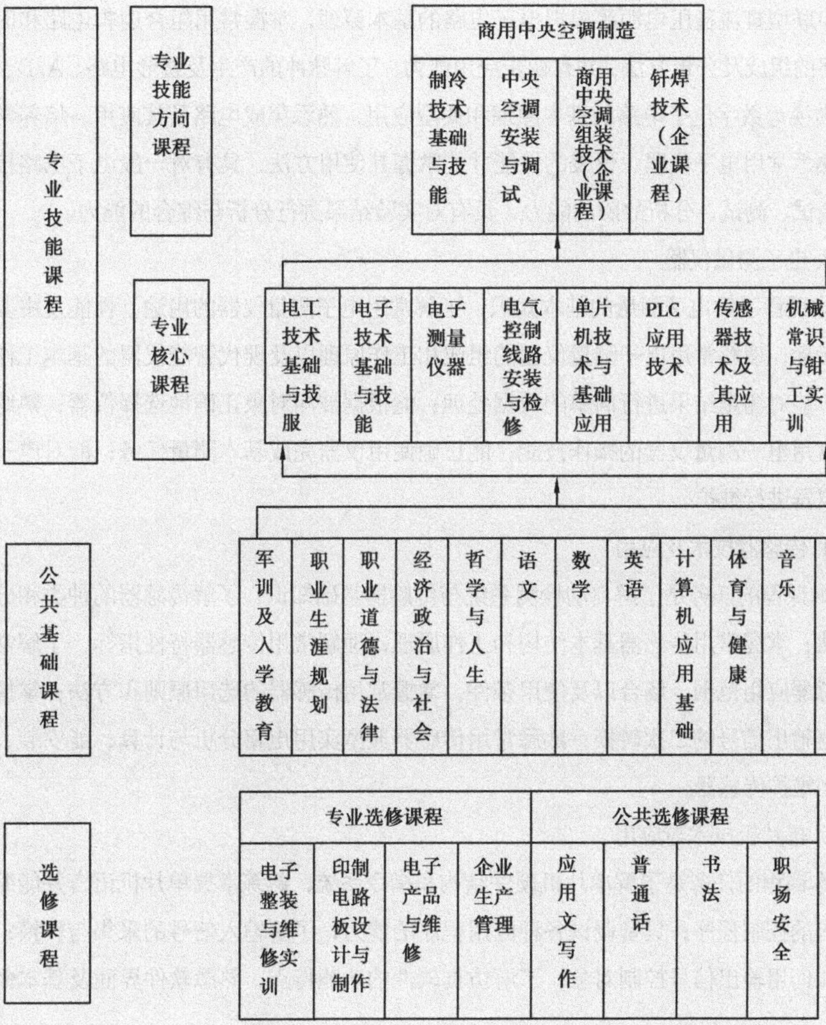

（四）专业核心课程说明

1. 电工技术基础与技能

依据《中等职业学校电子技术应用专业教学大纲》开设，并注重培养学徒生熟练掌握电路基本规律、基本定理、交直流电路的基本分析方法；理解并掌握电阻、电容、电感在电路中特性与作用等在本专业中的应用能力。

2. 电子技术基础与技能

掌握基本单元电路的组成、工作原理，分析估算方法，了解放大器、正弦振荡器和串联型直流稳压电源等模拟电子电路的基本原理，掌握常用组合逻辑电路和时序电路的组成及分析方法，并有初步应用能力，了解脉冲的产生及整形电路、A/D、D/A 转换等数字电子电路的基本原理和典型应用，熟悉集成电路及其应用。培养学徒生熟悉常用电子仪器、仪表的性能并能掌握其使用方法，具有对一般电子电路接线、调试、测试、分析故障的能力，具有对实验结果进行分析与综合的能力。

3. 电子测量仪器

本课程了解电子测量的基本知识；了解常用电子测量仪器的用途、性能及主要技术指标；理解常用电子测量仪器的组成和工作原理以及现代智能仪器的基本工作原理；能对测量结果进行简单的数据处理；能根据被测对象正确地选择仪器；熟练掌握常用电子测量仪器的操作技能；能正确使用仪器完成基本测量任务；能对电子测量仪器进行维护。

4. 传感器技术及应用

本课程的任务是了解自动检测系统与传感器基础知识；了解传感器的种类和分类方法；掌握常用传感器基本结构和工作原理；理解常用传感器特性指标，了解常用传感器应用范围、场合以及使用条件，掌握常用传感器的选用原则和方法；掌握传感器输出信号的二次转换；熟悉常用传感器典型实用电路分析与计算；能安装、调试和维护传感器。

5. 单片机技术与应用

本课程的任务是了解单片机硬件结构和指令系统；熟练掌握单片机语言并能编写简单的控制程序；具备调试各种应用程序的能力；了解输入信号的采集与转换；知道如何用输出信号控制对象；了解仿真软件的功能特点，熟悉软件界面及基本命令，熟悉元器件库，熟悉虚拟仪器库；能绘制基本单片机电路；能对电路仿真、测试；能制作和调试实用单片机控制电路及排除简单故障。

六、毕业标准

（一）学业要求

完成所有课程模块学习，并通过考核。

（二）出师要求

学徒掌握岗位基本技能，经师傅考核合格。

（三）证书要求

1. 制冷设备维修工中级证（必考）
2. 维修电工操作证（选考）
3. 制冷上岗证（选考）

七、专业教学进度与学时、学分分配

课程类别	课程名称	学分	总学时	学期						备注
				1	2	3	4	5	6	
公共基础课程	职业生涯规划	2	32	√						
	职业道德与法律	2	34		√					
	经济政治与社会	2	34			√				
	哲学与人生	2	34				√			
	语文	12	210	√	√	√	√			
	数学	12	210	√	√	√	√			
	英语	12	210	√	√	√	√			
	计算机应用基础	4	64	√	√					
	体育与健康	20	210	√	√	√	√	√		
	音乐	5	89	√	√	√	√	√		
	企业文化	7	120	√						
公共基础课程小计		80	1 247							

续表

课程类别		课程名称	学分	总学时	学期						备注
					1	2	3	4	5	6	
专业技能课程	专业核心课程	电工技术基础与技能	5	84	√						
		电子技术基础与技能	9	152	√	√					
		机械常识与钳工实训	4	64	√						
		电子测量仪器	4	68		√					
		电气控制线路安装与检修	4	68		√					
		传感器技术及应用	4	68			√				
		单片机技术及应用	6	102			√				
		PLC 应用技术	6	102			√				
	专业技能方向课程	制冷技术基础与技能	6	102				√	√		
		中央空调安装与调试	6	102				√	√		
		商用中央空调组装技术（企业课程）	6	102			√	√			
		钎焊技术（企业课程）	6	102				√	√		
专业技能课程小计			66	1 116							
选修课程	专业选修课程	电子整机装配与维修实训	4	98			√				
		电子产品与维修									二选一
		印制电路板设计与制作	4	98		√					
		企业生产管理									二选一
	公共选修课程	应用文写作	2	34					√		
		书法									二选一
		普通话	2	34					√		
		职场安全									二选一
选修课程小计			12	264							
其他		军训及入学教育（第一、二周）	2	60							
		企业到校授课（每月一周）		510							
		识岗实习	18	280							

续表

课程类别	课程名称	学分	总学时	学期						备注
				1	2	3	4	5	6	
其他	试岗实习	30	570							
	顶岗实习	30	570						√	
总计		238	3 257							

八、教学实施

（一）教学要求

在设置的基础课中，培养了学徒生的基本科学文化素养，定位于服务学徒生专业学习和终身发展的功能。电子技术应用专业在教学方法、教学组织形式、教学手段、教学模式上进行了改革和创新，调动了学徒生学习的积极性，为学徒生综合素质的提高、职业能力的形成和可持续发展奠定基础，符合教育部有关于现代学徒制的基本要求。

专业技能课按照大金公司岗位（群）的能力要求进行设置，其目的是强化教学中的理论实践一体化，突出“做中学、做中教”的职业教育教学特色。在教学中，努力提倡项目教学、案例教学、任务教学、角色扮演、情境教学、五动五真等方法。利用校内外实训基地，将学徒生的自主学习、合作学习和教师、师傅指导教学等教学组织形式有机结合。

（二）教学管理

在教学管理过程中，电子技术应用专业更新了观念，改变传统的教学管理方式。以专业学分制教学管理的方法，全面推进素质教育，激发学徒生学习的积极性和主动性，满足学徒生个性化需求，体现以学徒生为中心的教育思想，促进教学管理的科学化、规范化。合理调配教师、实训室和实训场地等教学资源，为课程的实施创造条件；要加强对教学过程的质量监控，改革教学评价的标准和方法，促进教师教学能力的提升，保证教学质量。

九、教学评价

根据本专业培养目标和人才理念，建立了科学的三位一体能力本位的评价模式。行业、企业和学校三方共同制定人才质量评价标准，行业以职业技能鉴定，企业以用工标准，学校以过程性评价和技能考核的方式，构建起行业、企业、学校共同参与的以学徒生能力为核心的“三位一体”评价模式。学校建立了与评价模式相适应的注重过程性、激励性和发展性的框架体系、综合学分体系和评价工具体系，为实施多元评价模式提供了有力支撑。实现了人才培养质量评价由学校单一评价向行业、企业、学校相结合的多元评价转变，由知识本位向职业能力本位转变，学徒生从“要我学”向“我要学”转变。

1. 学校评价

①学徒生学业评价采取过程评价与目标考核相结合，评价中注重过程性、激励性和发展性。

②素质评价主要由班主任、学生处、保卫科、团委组成，对学徒生的纪律、文明素养、参加社团活动、健康状况等进行综合评价。

2. 行业评价

行业评价以技能等级鉴定为主线，将这条主线贯穿于专业理论和技能教学的全过程，鉴定标准为国家标准或行业标准。

3. 企业评价

企业评价包含以下几方面：

①企业师傅到校上课，对学徒生的知识和技能掌握情况进行评价。

②企业师傅对学徒生到企业学习的评价。

③企业师傅对学徒生到企业实岗实践的评价。

制冷和空调设备运行与维护专业现代学徒制人才培养方案

一、专业名称（专业代码）

制冷和空调设备运行与维护（660205）

二、入学要求

初中毕业生或具有同等学力者

三、修业年限

3年

四、职业面向和接续专业

（一）职业面向

根据企业岗位用人需求确定毕业生的职业领域和就业岗位，具体见职业领域及主要就业岗位（群）表。

职业领域及主要就业岗位（群）表

序号	职业领域	就业岗位		职业资格证书	相关职业资格证书
		首岗	升迁岗位		
1	空调制造	产品组装 钎焊 喷涂 品质检验	技能岗位 管理岗位	制冷工 电工	计算机等级证
2	设备保全	设备维修			

（二）接续专业

高职专科：制冷与冷藏技术、供热通风与空调工程技术

本科：建筑环境与设备工程

五、培养目标与培养规格

（一）培养目标

本专业坚持立德树人，主要面向空调产品生产等行业企业，培养从事空调整机生产、管道焊接、涂装、设备保全、管理等一线工作，掌握必需的文化、科学知识、制冷和空调设备运行与维护的专业知识，具备职业生涯发展基础和终身学习能力的德、智、体、美全面发展的高素质劳动者和技术技能型人才。

（二）培养规格

本专业毕业生应具有以下职业素养、专业知识和技能：

1. 职业素养

①具有良好的职业道德、敬业和吃苦耐劳精神，诚实守信，对企业忠诚；

②具有良好的执行能力、科学态度、工作作风、表达能力和适应能力；

③具备良好的人际交往能力、团队合作精神和优质服务意识；

④具备安全、环保、节能意识和规范操作意识；

⑤具备获取信息、学习新知识的能力、职业竞争和创新意识；

⑥具有良好的心理素质和健康的体魄；

⑦掌握电气设备的性能、结构、调试和使用的基本知识。

2. 专业知识与技能

①能熟练操作计算机，具备常用办公软件和工具软件的应用能力；

②掌握电工基础知识，具有电工操作技能；掌握电子基础知识，认识常见的模拟电路与数字电路；

③掌握常用电子、电气元器件的基本知识，能识别和检测常用电子、电气元器件；

④能熟练使用常用电工电子工具、仪器和仪表；

⑤掌握常用传感器基本结构和工作原理；理解常用传感器特性指标；

⑥掌握小型可编程控制器的基本指令、功能指令，能熟练应用可编程控制器的指令与基本程序，编制、调试一般应用程序。

3. 岗位知识与技能技术

①掌握空调器制造的生产技术；

②具有识读空调产品的技术资料的能力和品保意识；

③具有熟练进行产品检验和质量管理的能力；

④具有空调器产品制造工艺改进技术的能力；

⑤掌握文献检索、资料查询的基本方法，具有一定的科学研究能力。

4. 专业拓展知识与技能

①掌握常用制冷维修工具、元器件及材料的认识与使用方法；

②具有使用制冷专用工具进行制冷设备日常维护的能力；

③具备制冷与空调设备基础知识，能装配、调试和检验单连机和多连机空调；

④掌握制冷与空调设备维修、调试技术。

六、课程设置及要求

本专业由校企联合招生、以学生（学徒）双重身份培养为核心，以“工学结合、五岗”（识岗 、试岗、轮岗、定岗、顶岗 ）培养为形式，以“三师”（学校教师、试岗轮岗师、定岗顶岗师傅）联合传授为支撑，校企双方各司其职、各负其责、各专所长、分工合作，实现校企协同育人的现代学徒制人才培养模式。

校企协同互动模式：学生（学徒）在校期间，企业 1 个月安排 2 名师傅到校从事 1 周的教育教学活动。从第四学期开始，学生在校学习 2.5 个月，再到企业学习 2 个月，交替进行。

本专业课程设置分为公共基础课和专业技能课。公共基础课包括必修课和选修课。专业技能课包括专业核心课、岗位能力课和专业拓展课，实习实训是专业技能课教学的重要内容，含校内外实训、识岗，企业试岗、轮岗、定岗、顶岗实习等多种形式。

（一）课程结构

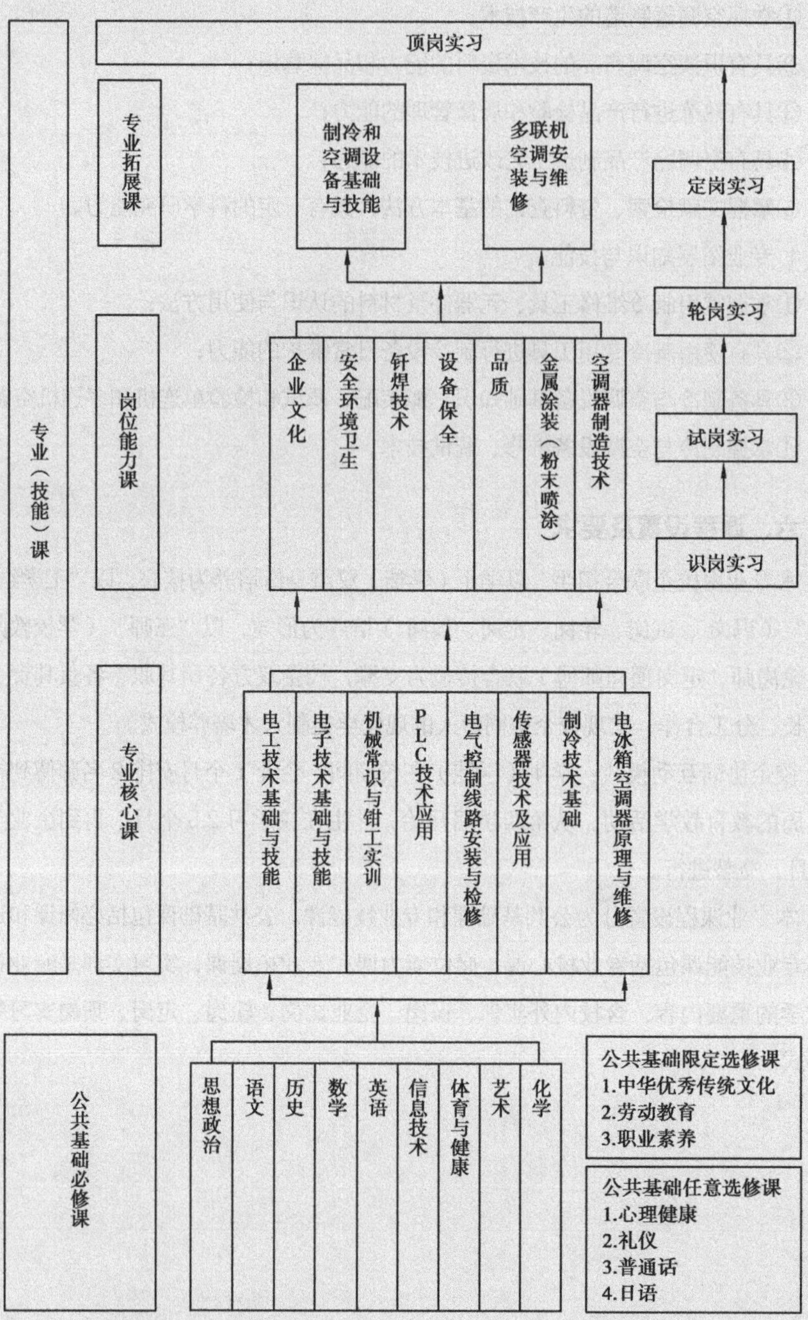
顶岗实习
专业拓展课
制冷和空调设备基础与技能
多联机空调安装与维修
定岗实习
轮岗实习
试岗实习
识岗实习
专业（技能）课
岗位能力课
企业文化
安全环境卫生
钎焊技术
设备保全
品质
金属涂装（粉末喷涂）
空调器制造技术
专业核心课
电工技术基础与技能
电子技术基础与技能
机械常识与钳工实训
PLC技术应用
电气控制线路安装与检修
传感器技术及应用
制冷技术基础
电冰箱空调器原理与维修
公共基础必修课
思想政治
语文
历史
数学
英语
信息技术
体育与健康
艺术
化学
公共基础限定选修课
1.中华优秀传统文化
2.劳动教育
3.职业素养
公共基础任意选修课
1.心理健康
2.礼仪
3.普通话
4.日语

（二）课程设置及要求

1. 公共基础课程

（1）必修课

序号	课程名称	主要教学内容和要求	参考学时
1	思想政治	依据《中等职业学校思想政治课程标准》开设，并培养学生提高职业道德素质和法律素质，树立社会主义荣辱观，增强社会主义法治意识；培养学生认同我国的经济、政治制度，了解所处的文化和社会环境，树立中国特色社会主义共同理想；培养学生能运用辩证唯物主义和历史唯物主义的观点和方法，正确认识和处理人生发展中的基本问题，形成正确的世界观、人生观和价值观；培养学生树立正确的职业观念和职业理想，能根据社会需要和自身特点进行职业生涯规划,并以此规范调整自己的行为，为顺利就业、创业创造条件	110
2	语文	依据《中等职业学校语文课程标准》开设，并注重培养学生掌握必需的语文基础知识，掌握日常生活和职业岗位需要的现代文阅读能力、写作能力、口语交际能力，掌握基本的语文学习方法	141
3	历史	依据《中等职业学校历史课程标准》开设，并注重培养学生正确认识历史上的阶级关系和阶级斗争，认识人类社会发展的基本规律，了解人类历史上重要的政治制度、政治事件及其代表人物等基本史实，树立为社会主义政治文明建设而奋斗的人生理想	62
4	数学	依据《中等职业学校数学课程标准》开设，并注重培养学生的计算技能、计算工具使用技能和数据处理技能,培养学生的观察能力、空间想象能力、分析与解决问题能力和数学思维能力	141
5	英语	依据《中等职业学校英语课程标准》开设,并注重培养学生掌握听、说、读、写等语言技能，初步形成职业英语的应用能力，提高学生学习的自信心，帮助学生掌握学习策略，了解、认识中西方文化差异	110
6	信息技术	依据《中等职业学校信息技术课程标准》开设，并注重培养学生掌握必备的计算机应用基础知识和基本技能，能应用计算机解决工作与生活中实际问题，提升学生的信息素养	62
7	体育与健康	依据《中等职业学校体育与健康课程标准》开设，通过学习体育与健康的基本知识、运动技战术与技能、科学锻炼身体的方法，提高学生的体能和体育实践能力，培养运动爱好和专长，养成终身体育锻炼的习惯，使学生具有健康的人格、强健的体魄，为学生身心健康和职业生涯发展奠定坚实的基础	134
8	艺术	依据《中等职业学校艺术课程标准》开设，并注重培养学生良好的艺术鉴赏力和道德情感，丰富生活经验，开发创造潜能，提高综合素质和生活品质	31

续表

序号	课程名称	主要教学内容和要求	参考学时
9	化学	依据《中等职业学校化学课程标准》开设，并注重培养学生掌握物质的组成、结构、性质以及变化规律，了解化学与社会、生活、生产、科学技术等的密切联系以及重要应用，培养学生的观察能力、实验能力和科学态度	62
合计			853

（2）限定选修课

序号	课程名称	主要教学内容和要求	参考学时
1	中华优秀传统文化	理解并传承中华优秀传统文化的基本精神，了解中国传统哲学、文学等文化精髓和相关理论基础知识，掌握中国传统文化的精华所在，扩大文化视野，丰富学生的精神世界，引导学生形成健康积极的人生观、价值观，提升文化品位和审美情操	12
2	劳动教育	组织学生参加日常生活劳动、生产劳动和服务劳动，让学生动手实践、出力流汗，接受锻炼、磨炼意志，形成良好劳动习惯，培养学生正确劳动价值观和良好劳动品质	24
3	职业素养	立足服务区域经济发展，进行公民道德、心理品质、法制意义等教育，帮助学生初步形成正确观察社会、分析问题、选择人生道路的科学人生观	24
合计			60

（3）任意选修课

序号	课程名称	主要教学内容和要求	参考学时
1	心理健康	依据《中等职业学校心理健康课程标准》开设，并注重培养学生职业兴趣，提高应对挫折、求职就业、适应社会的能力	48
2	礼仪	了解社交礼仪活动的程序；掌握社交礼仪的基本理论，具备社交礼仪的理念，并认识社交礼仪活动的规律；掌握一般社交礼仪行为的规范，具备社交礼仪的基本技能，培养学生良好的行为习惯，加强自身修养	
3	普通话	培养学生掌握普通话的基本知识，普通话的标准语音，掌握普通话练习与提高的方法，养成正确发音习惯，提高学生普通话口语表达水平	
4	日语	培养学生进行一定的日语听、说、读、写的训练，使学生能听懂日常较简单、语速较慢的日语对话，能用日语进行一般的课堂交际和日常的语言文字交流	
合计			48

2. 专业技能课

（1）专业核心课

序号	课程名称	主要教学内容和要求	参考学时
1	电工技术基础与技能	依据《中等职业学校电工技术基础与技能教学大纲》开设，并与专业实际和行业发展密切结合。并注重培养学生掌握安全操作规范；会使用常用电子仪器仪表；了解电子技术基本单元电路的组、工作原理及典型应用；能识读和分析常见电子电路图、简单印制电路板图；能制作和调试常用电子电路及排除简单故障	123
2	电子技术基础与技能	依据《中等职业学校电子技术基础与技能教学大纲》开设，并与专业实际和行业发展密切结合。并注重培养学生能使用常用电工工具与仪器仪表；能识别与检测常用电工元件；能处理电工技术实验与实训中的简单故障；掌握电工技能实训的安全操作规范	128
3	机械常识与钳工实训	依据《中等职业学校机械常识与钳工实训教学大纲》开设，并注重培养学生识读简单机械零件图的能力；掌握钳工常用工、量、刃具的选择方法，并能正确使用；能按图完成简单零件的钳工制作；了解常用机械传动的一般常识，会拆装简单的机械部件	32
4	PLC 技术应用	熟知常用小型可编程控制器的型号结构编程元件等会连接相应外围电路，掌握小型可编程控制器的基本指令、功能指令，能熟练应用可编程控制器的指令与基本程序，编制、调试一般应用程序，能安装、维护简单的可编程控制器控制装置	96
5	电气控制线路安装与检修	熟悉常用低压电器的功能、结构及原理、选用和拆装维修方法，熟记低压电器的图形符号和文字符号，会分析点动、连续运行、正反转、顺序控制、降压起动、制动、多速等电动机基本控制线路的原理，能识读电气布置图和接线图，并了解绘制原则，并会安装、调试与维修上述电动机基本控制线路，会设计组建简单继电电气控制系统	60
6	传感器技术及应用	了解自动检测系统与传感器基础知识；了解传感器的种类和分类方法；掌握常用传感器基本结构和工作原理；理解常用传感器特性指标，了解常用传感器应用范围、场合以及使用条件，掌握常用传感器的选用原则和方法；掌握传感器输出信号的二次转换；熟悉常用传感器典型实用电路分析与计算；能安装、调试和维护传感器	24
7	制冷技术基础	掌握工程热力学、传热学、流体力学的基础知识，掌握人工制冷方法及蒸汽压缩制冷原理，了解吸收式制冷原理，掌握制冷工质的种类、特点及热力性质，掌握冷冻油的种类及性能特点	96
8	电冰箱空调器原理与维修	掌握制冷管道加工和焊接方法，掌握制冷工具、设备和仪表的使用方法，掌握电冰箱的结构、工作原理及维修知识，掌握电冰箱空调器的结构、工作原理及安装、维修知识，能加工、焊接制冷管道，能安装维修电冰箱和空调器	48
合计			607

（2）岗位能力课

序号	课程名称	主要教学内容和要求	参考学时
1	企业文化	依据现代学徒培养方案开设本课程，并注重培养学徒生的基本职业素质，知晓大金公司经营宗旨和公司发展历程，熟知大金公司纲领，理解大金公司以人为轴心的经营理念，及与之相适应的公司独有的企业文化	16
2	安全环境卫生	安全课程主要是教育学生理解安全的重要性和意义，掌握职业健康安全行为要求，通过本课程的学习能增强全体员工的安全防范意识，在实际的生产过程中确保安全。同时理解公司6S、劳防用品以及KYT的意义，灌输强烈的零灾害思想，以维持零灾害作业，并提高自我保护和救助的能力 环境卫生课程主要让学生了解目前环境及资源状况的现状，让学生掌握公司垃圾分类和投放行为对社会的意义，如何在工作和生活中实施节约能源，知晓公司在废水排放上的基本要求，避免日常工作中发生污染水、土壤和空气资源，提高学生美化环境和保护环境的环保意识	30
3	金属涂装（粉末喷涂）	本课程主要了解涂装基本知识；了解常用涂装的定义、涂装的应用领域；理解常用涂装设备的组成和工作原理；掌握空调涂装产品的检测标准；能检测产良品和不良品，对不良品并分析原因；能训练操作涂装设备；能对涂装设备进行维护	36
4	品质	本课程是一门通识辅助课程，教育学生主要养成良好的品质意识，能正确识读机械构造图纸，能正确使用测量工具和操作检查设备，能判断部品和组立过程中不良问题点，运用质量分析工具加以分析、排除	72
5	钎焊技术	本课程以大金空调生产岗位要求为基础，努力改善制冷行业对于钎焊技术的基本要求。规范行业标准，统一操作方法，努力培养钎焊技术的标准人才	120
6	设备保全	本课程以大金空调生产设备的保全相关的技能要求为基础，结合设备共性的控制方式及应用，了解设备控制原理结构，掌握设备保全必备技能，能够根据设备状态、要求，运用掌握的知识技能，进行设备的故障修复及维护保养，努力培养动手改善能力，异常分析能力，遵守安全操作规范的技能人才	72
7	空调器制造技术	本课程以大金空调生产岗位基础技能为起点，让学员了解基础技能的重要性，培养学员的基础技能和品质意识	48
合计			394

（3）专业拓展课

序号	课程名称	主要教学内容和要求	参考学时
1	制冷和空调设备基础与技能	掌握制冷和空调用压缩机的分类、结构、性能和工作原理，掌握常用换热设备的种类、结构、性能和工作原理，掌握空调辅助设备的结构、性能和工作原理，能进行活塞式压缩机的拆装和性能测试。会安装各类制冷和空调换热设备及辅助设备	48
2	多联机中央空调安装与维修	掌握多联机空调的结构、类型、特点及选用方法，掌握多联机空调的安装、维修知识，能诊断和维修多联机空调常见故障，会进行多联机空调系统安装施工	48
合计			96

（4）岗位实践学习

序号	名称	主要教学内容和要求	参考学时
1	识岗实习	了解 4 个技术岗位和 12 个普通岗位的具体工作任务	30
2	试岗实习	在师傅的传授下，掌握钎焊、涂装、保全、品质、一般技能岗位等 5 个岗位的基本操作技能，使学生基本能够离开师傅独立操作	120
3	轮岗实习	在师傅的传授下，熟练掌握钎焊、涂装、保全、品质、一般技能岗位等 5 个岗位的基本操作技能，使学生能够离开师傅独立操作	360
4	定岗实习	在师傅的指导和熏陶下，传承精益求精的工匠精神，掌握 1 个岗位的核心技术，同时树立工匠精神	240
5	顶岗实习	在师傅的带领下进行产品的技术开发，研究新方法、新工艺，实现节能减排，提高生产效率	540
合计			1 290

七、教学进程总体安排

（一）基本学时分配

总学时 3 300 学时；公共基础课 1 009 学时；专业核心课 463 学时；岗位课程 442 学时；拓展课 96 学时；岗位实践学习 1 290 学时。

课程类别		课程名称	学分	总学时	学期					
					1	2	3	4	5	6
公共基础课程	必修课程	思想政治	8	110	2	2	2	2		
公共基础课程	必修课程	语文	9	141	3	3	2	2		
公共基础课程	必修课程	历史	4	62	2	2				
公共基础课程	必修课程	数学	9	141	3	3	2	2		
公共基础课程	必修课程	英语	7	110	2	2	2	2		
公共基础课程	必修课程	信息技术	4	62	2	2				
公共基础课程	必修课程	体育与健康	8	134	2	2	2	2	2	
公共基础课程	必修课程	艺术	2	31	1	1				
公共基础课程	必修课程	物理	4	62	2	2				
公共基础课程	限定选修课程	中华优秀传统文化	1	12				1		
公共基础课程	限定选修课程	劳动教育	2	24					2	
公共基础课程	限定选修课程	职业素养	2	24					2	
公共基础课程	任意选修课程	心理健康 礼仪	2	24					2	
公共基础课程	任意选修课程	普通话 日语	2	24				2		
公共基础课程	小计		64	961	19	19	10	13	8	
专业技能课程	专业核心课程	电工技术基础与技能	8	128	8					
专业技能课程	专业核心课程	电子技术基础与技能	8	123		5	4			
专业技能课程	专业核心课程	机械常识与钳工实训	2	32	2					
专业技能课程	专业核心课程	PLC 技术应用	6	96			4	4		
专业技能课程	专业核心课程	电气控制线路安装与检修	4	60		4				
专业技能课程	专业核心课程	传感器技术及应用	2	24			2			
专业技能课程	专业核心课程	制冷技术基础	6	96			4			
专业技能课程	专业核心课程	电冰箱空调器原理与维修	3	48					4	
专业技能课程	小计		39	607	10	9	14	4	4	0

续表

课程类别		课程名称	学分	总学时	学期					
					1	2	3	4	5	6
专业技能课程	岗位能力课程	企业文化	1	16	1					
		安全环境卫生	2	30		2				
		金属涂装（粉末喷涂）	2	36			3			
		品质	5	72				3	3	
		钎焊技术	8	120			3	3	4	
		设备保全	5	72				3	3	
		空调器制造技术	3	48					4	
		小计	26	394	1	2	6	9	14	0
	专业拓展课程	制冷和空调设备基础与技能	3	48				4		
		多联机中央空调安装与维修	3	48					4	
		小计	6	96	0	0	0	4	4	0
	岗位实践学习	识岗实习	2	30		√				
		试岗实习	8	120			√			
		轮岗实习	23	360			√	√		
		定岗实习	15	240				√	√	
		顶岗实习	34	540						√
		小计	82	1 290	0	0	0	0	0	0
总计			217	3 348	30	30	30	30	30	0

（二）教学安排

①“√”表示相应课程开设的学期，其中识岗实习是第二学期的第17周；试岗实习是第三学期的9月和10月；轮岗实习是第三学期的11月、第四学期的4月和5月；定岗实习是第四学期的6月、第五学期的12月；顶岗实习是第六学期。

②本表不含军训、社会实践、入学教育、毕业教育及选修课教学安排。

八、实施保障

（一）师资队伍

按照《中等职业学校教师专业标准》和《中等职业学校设置标准》，进行教师队伍建设，合理配置教师资源。

①专任教师应具备良好的师德和终身学习能力，具有本专业大学本科以上学历（含本科）或具有本专业中级以上技术资格证书。

②专业带头人应具有较高的业务能力，并在区域内具有一定影响力；具有高级职称和高级职业资格，熟悉产业发展和行业对技能型人才的需求，在专业改革和发展中起引领作用。

③师资队伍中的“双师型”教师达到90%，满足现代学徒教学和校企合作的需要。

④专业教师与学生比例为1：18满足教学要求。

⑤企业具有符合师傅标准的专兼职导师12人，其中专职培训师6人负责到校任教和识岗、试岗、轮岗阶段的学习，每人负责5名学生（学徒）的一般技能传授和职业素养的培养。兼职师傅6名，每人负责5名学生（学徒）岗位核心技能传授和工匠精神熏陶。

（二）教学设施

本专业应配备校内实训室和校外实训实习基地。

1. 校内实训室

根据本专业人才培养目标的要求及课程设置的需要，按每班30名学生为基准，校内实训（实验）室配置如下。

序号	实训室名称	主要工具和设施设备	
		名称	数量（台、套）
1	钳工技能实训室	台钻	5
		台虎钳	30
		钳工台	30
		划线平台、V形铁、高度尺	5
		砂轮机	1

续表

序号	实训室名称	主要工具和设施设备	
		名称	数量（台、套）
1	钳工技能实训室	常用工具	30
		常用量具	15
2	电工技能实训室	电工技术实训装置	15
		电工实习板	15
		线槽、线管	若干
		常用电工工具	30
		测量仪表	30
		各种照明电器	若干
		各种低压电器	若干
3	电子技能实训室	电子技术实训装置	15
		示波器	15
		信号发生器	15
		万用表	30
		毫伏表	15
		直流稳压电源	15
		常用电工工具	30
4	PLC 实训室	PLC 综合智能实训装置	15
		PLC 气动装置	10
		步进电机控制实训装置	15
5	传感技术实训室	模块化传感器实训平台或实验箱	15
		数字万用表	15
		传感器电子产品套件	30
6	制冷和空调实训室	冰箱综合实训台	15
		空调综合实训台	15
		风冷式换热设备	15
		水冷式换热设备	15
		活塞式压缩机	15
		组合工具	15

续表

序号	实训室名称	主要工具和设施设备	
		名称	数量(台、套)
7	模拟生产实训室	一般技能区	1
		钎焊区	1
		金属涂装区	1
		品质检区	1
		设备保全区	1

2. 校外实训基地

企业提供真实的生产环境，提供技术战略岗位 4 类，即钎焊、喷涂、设备保全、品质检验。普通技术岗位 12 个，充分满足 30 人学生（学徒）岗位学习的要求。

（三）教学资源

①教材选用：优先选用国家规划教材，与企业合作开发的教材。

②图书资料配备：本专业教材配套的相关材料。

③数字资源库：重庆市中职电类专业教学资源库、与企业合作开发的数字资源。

（四）教学方法

教学组织主要有两种形式：一是在学校学习期间采用班级授课形式，每门公共基础课由一个教师完成教学任务，每门专业课由两名教师完成教学任务；二是在企业岗位学习期间采用班级授课加师傅带徒弟的方式完成教学任务，企业师傅可采用线上教学的方法，形成线上线下混合式教学。

1. 公共基础课

公共基础课程教学要符合教育部有关教育教学基本要求，按照培养学生（学徒）基本科学文化素养、服务学生（学徒）专业学习和终身发展的功能来定位，重在教学方法、教学组织形式的改革，教学手段、教学模式的创新，调动学生（学徒）学习积极性，为学生（学徒）综合素质的提高、职业能力的形成和可持续发展奠定基础。

2. 专业技能课（含专业核心课、岗位能力课和专业拓展课）

专业技能课程教学，按照相应职业岗位（群）的能力要求，强调理论—实践—多媒体一体化教学，突出“做中学、做中教”的职教特色，实训课时与理论课时之比不低于 1∶1。专业技能课程教学采用“8331”的教学模式，即八环节、三步骤、三对接、一个中心。

3. 岗位实践教学

岗位实践教学，必须采用“五真”教学，即是真实的生产线、真实的生产环境、真实的产品生产、真实的工作岗位和真实的师傅带徒弟。学生（学徒）必须经历识岗、试岗、轮岗、定岗和顶岗 5 个阶段，师傅要在真实的岗位上先示范，使学生（学徒）从看着做到试着做再到独立做，完成岗位实践教学。

（五）学习评价

为了能客观、公开、公正和公平地进行教学质量评价，根据本专业培养目标和人才理念，要做好以下几个方面的工作：一是采用学校评价和企业评价相结合，过程评价和结果评价相结合；二是要坚持教师评价、学生（学徒）相互评价和自我评价相结合；三是要注重考查学生的学习态度、合作能力、规范操作、安全文明生产等职业素质，以及节约能源、节省原材料与爱护生产设备，保护环境等意识与观念；四是考核评价内容除了要涵盖知识点的掌握、技能的熟练程度外，还要注重考核知识与技能在实践中运用和解决实际问题的能力；五是专业课程尽量减少结果性评价，应以实操考核、项目考核和过程考核为主，坚持学习过程性评价与终结性评价相结合的原则。

1. 学校评价

①学生（学徒）学业评价采取过程评价与目标考核相结合，评价中注重过程性、激励性和发展性。

②素质评价主要由班主任、学生处、保卫科、团委组成，对学生（学徒）的纪律、文明素养、参加社团活动、健康状况等进行综合评价。

2. 行业评价

行业评价以技能等级鉴定为主线，将这条主线贯穿于专业理论和技能教学的全过程，鉴定标准为国家标准或行业标准。

3. 企业评价

①企业导师到校上课，对学生（学徒）的知识和技能掌握情况进行评价。

②企业导师对学生（学徒）到企业学习的评价。

③企业岗位师傅对学生（学徒）到企业实岗实践的评价。

（六）质量管理

1. 对学生（学徒）实行三级管理：学校实行校长—教务处—专业系，企业实行总经理—人力资源部—人事管理课

校长和总经理对学校现代学徒制班实行全面负责，认真贯彻党和国家教育方针，依法治教、制定现代学徒制试点工作目标。坚持以教学为中心，以学生（学徒）就业为导向，努力提高教育质量和办学效益。主管教学副校长和副总经理分别主持学生（学徒）在学校和企业的日常教学工作，领导所分管的中层业务管理部门，审批有关部门的工作计划和总结，协调分管部门间的关系。教务处和人力资源部是负责组织学生（学徒）在学校和企业的教学工作的行政职能部门。在主管教学副校长和副总经理的领导下，负责“职业教育现代学徒制”班教学工作的组织管理。

专业系和人事管理课是学校、企业设立的实施现代学徒制试点工作的教学部门，在主管部门教务处和人力资源部的领导下，负责组建“现代学徒制”班级，确定“现代学徒制”班的任课教师、企业师傅，具体负责“现代学徒制”班的教学计划、教学过程、考核、常规检查等教学工作的开展。

2. 对学生（学徒）实行学分制管理

按学徒制各个学习环节进行量化，其中公共基础课程量化为 64 个学分，专业核心课程量化为 29 个学分，岗位能力课程量化为 28 个学分，专业拓展课程量化为 6 个学分，岗位实践学习量化为 81 个学分，三年总计 208 个学分，三年总学分不低于 180 学分。

3. 学生（学徒）管理校企分工办法

按照学生（学徒）识岗、试岗、轮岗、定岗、顶岗五阶段育人路径，根据学生（学徒）学习地点的不同，分别由学校或企业进行管理，学生（学徒）在学校学习期间按学校的相关制度进行管理，学生（学徒）在企业学习、顶岗实习期间按企业员工管理办法进行管理。由 1 名师傅负责 3~5 名学生（学徒）的日常管理工作，同

时学校教师辅助企业师傅管理学生（学徒）（一个教师负责一个学徒制班）。

九、毕业要求

三年总计 208 个学分，三年总学分不低于 180 学分。

（一）学业要求

完成所有课程模块学习，并通过考核。

（二）岗位要求

学生（学徒）掌握岗位基本技能，经师傅考核合格。

（三）证书要求

1. 制冷工（必考）

2. 电工（选考）

3. 焊工证（选考）

十、其他

本人才培养方案是在教育部开展现代学徒制试点工作的背景下，根据教育部专业教学标准、重庆市加工制造类专业人才培养指导方案与企业对人才的需求编制而成。

四、层次多元的人才培养标准

按照“合作共赢、责任共担、资源共享”的基本原则，成立了校企共建指导委员会，通过调研分析，确定人才培养目标，形成了适应现代学徒制的人才培养模式，校企合作共同制定了人才培养方案。参照企业岗位需求和职业标准，学校与企业共同制订了企业遴选标准、实训基地建设标准、学徒选拔标准、学校教师选拔标准、企业师傅选拔标准、岗位标准、课程标准、实习标准、教学运行管理标准、出师标准 10 个涵盖现代学徒制人才培养全过程的标准体系。

(一)在哪里培养：企业遴选标准、实训基地建设标准、学徒选拔标准

学徒的培养依赖于企业和学校双方，应完善学徒培养管理机制，明确企业和学校双方的职责与分工，推进工学交替、校企“双主体”合作育人。

1. 企业遴选标准

合作企业的培育与认定是开展现代学徒制试点项目的首要工作，是成功实施现代学徒制培养的基础。为更好实施现代学徒制试点工作，推动校企深度融合，提高人才培养质量，重庆工商学校对参与校企合作的企业进行遴选，特制定《重庆工商学校关于现代学徒制校企合作企业遴选的办法》。

（1）企业资质条件

·企业主营业务或重要岗位应与学校试点专业设置对口。

·企业运营时间原则上要求在10年以上，年主营业务收入不少于2 000万元人民币（现代服务型企业不少于600万元人民币），每年均有一定数量的用工需求。

·企业经营合法、管理规范、技术先进、实习设备和安全防护完备，工作环境较好；优先考虑上市公司、龙头企业、骨干企业，优先考虑有相关专业高级技工、技术能手、工匠大师的企业。

·企业能提供较丰富的有关课程建设、教材及教学资源开发、人员互派、师生实践等资源（行业经验、运营案例、内部管理、培训、考核资料、场地、人力等），愿意和学校一道进行有关项目开发。

·能提供足够数量的核心技术岗位及实习轮训岗位，选派足够数量的优秀技术人员担任学生的师傅。

·未发生过环保、生产安全或其他违法事件。

·企业理解、支持职业教育，对校企合作有较强烈的意向。

·每个专业系校企合作企业数原则上控制在2~3家（不含顶岗实习企业）。

（2）遴选流程

·学校成立现代学徒制试点工作小组（以下简称工作小组），校长任组长，成员包括分管副校长、教务处、就业办、专业系负责人，负责开展实施现代学徒制试点工作。

·结合本校专业设置，工作小组调研行业企业发展现状，确定适合开展现代学

徒制的专业。

·由就业办和专业系对已参与校企合作的优质企业进行筛查，每个专业推荐2~3家符合条件的企业。

·工作小组对企业进行考察，确定合作企业，并报上级教育主管部门同意。

·校企双方协商，签订现代学徒制试点工作合作协议。

2. 实训基地建设标准

实训基地是指能接收学生实习、专业教师锻炼及其业务提高的企事业单位，建立稳定且有效率的实训基地，充分发挥其在专业建设、师资队伍建设、学生实习等方面的作用，有助于推动人才培养质量的提高。

为保证师生在实习基地顺利完成各项任务，重庆工商学校要求实训基地的建设一定要按规范进行，以切实保证师生的合法权益，基于此，重庆工商学校建立了实训基地建设标准：①所经营业务和承担的职能要与学校相应的专业对口；②要具有正式的法人单位或职能齐全的二级单位资格；③在本地区本行业有一定知名度和社会影响力；④单位组织机构健全，制度健全、管理规范；⑤单位领导重视、有一定的社会责任感和强烈的校企合作意愿、员工整体素质高；⑥能够为学生完成实习任务提供必要的条件（如安全保证、业务指导、吃住条件等）。

具体而言，针对试点专业，实训基地应配有满足基础电工实训的工作台，主要包含三相交流电源、单相交流电源、固定和可调节的直流稳压电源、多功能交流信号发生器、交直流电压表、电流仪表、示波器、电度表、功率表、电子技术综合实验箱、函数信号发生器、示波器、晶体管毫伏表、数字万用表、钳形表、兆欧表等；能按照生源配备开展实训的常用的电工工具、照明灯具、线路板、无源二分频音箱、三相异步电动机，以及导线等材料；应配备常用的电工电子元件、材料等供学习使用；配备必要的带多媒体设备的教室、带网络的计算机机房及仿真软件。

重庆工商学校 大金空调（上海）有限公司
校企合作实训基地建设标准

为推进重庆工商学校实习实训基地建设，推动校企深度融合，实施现代学徒制试点工作，按照“互惠互利、双方共赢”的原则，重庆工商学校制定了《关于校企合作共建校内外实习实训基地的办法》，现根据此办法设立专门的基地建设标准。

一、整体布局

各区域使用面积合计为 260 m^2，其中集团经营理念是 13.65 m^2、安全道场为 24.5 m^2、环境道场 24.5 m^2、品质道场 26.4 m^2、制造道场 117 m^2、PM 道场 52.8 m^2。

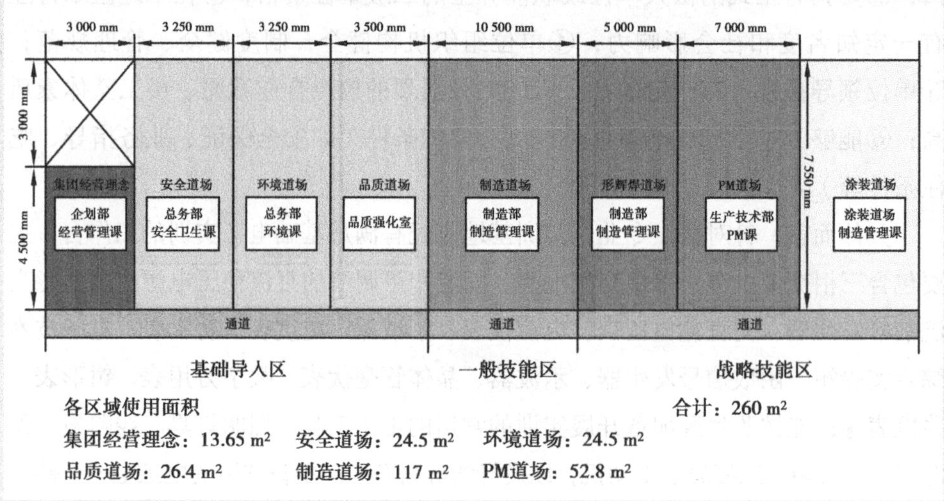

二、企业文化展示板

企业文化展示板的墙面由 KT 板材质制作，并利用金属包边；其中企业经营理念在墙左上方占 1.8 m×1 m；大金在全球的企业据点介绍在右上方，面积为：13.2 m×1 m；公司的鸟瞰图、大金残障团队、纳凉节、公司历年销售推移都分别设定为 0.9 m×0.6 m，并依次排列在墙面下方。

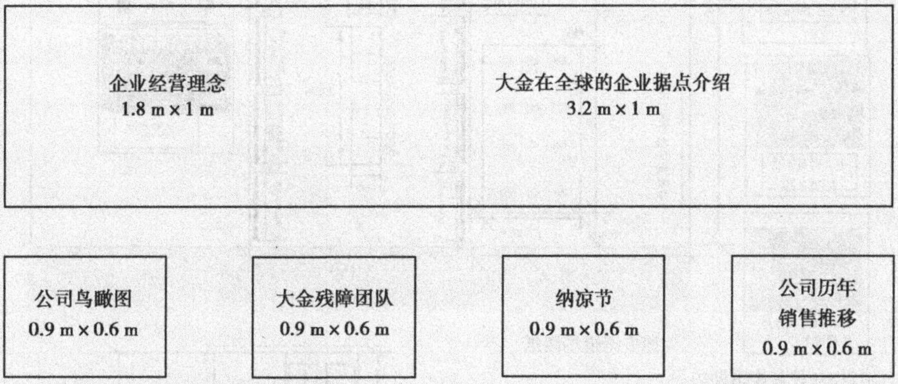

墙上平面展示板：KT板材质+金属包边

三、安全道场与环境道场

重庆工商学校安全道场由制造现场废弃物箱、危险废弃物箱、生活区域废弃物箱组成，3 个箱子的两边是废弃物分类的意义、它的分类、冷媒简介的展板；现场纸类（现场塑料、金属、离型纸）展板，前方展板展示什么是变废为宝、废纸再生。现增设 3S 教育体感设备、2 台机械体感设备和 4RKYT 板。

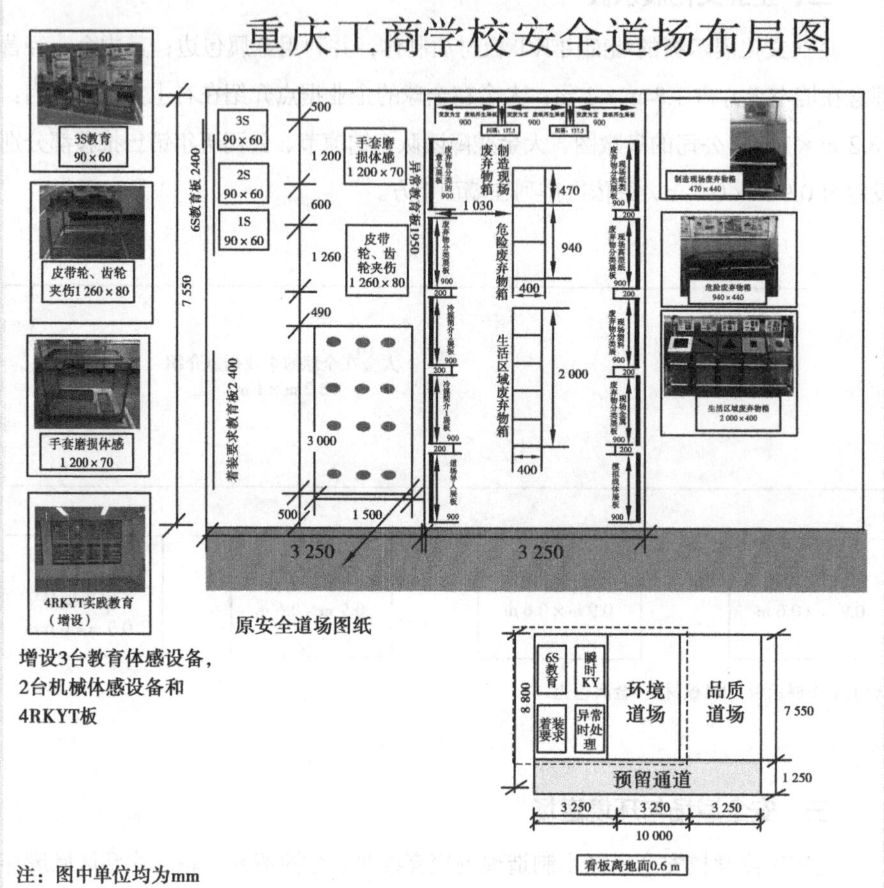

注：图中单位均为mm

四、品质道场

根据“实施方案”“道场实物展示标准”“QC 道场展示架制作图”三个标准来设计此道场。

（一）实施方案

为了突出重要部件的品质特性，使学生提前感知大金品质要求点及重要性，从而为普及学生品质意识打下良好基础，总面积为 28 m^2 进行企业介绍。

序号	项目	内容	目的	具体实施			每场培训人数	面积/m^2	预算/千元人民币	搭建人员		工期	
				方法	呈现形式	更新周期				部门·课	人数	材料准备/天	实际搭建/天
1	企业介绍	2YC90EXD压缩机模型	突出重要部件的品质特性，使学生提前感知大金品质要求点及重要性，从而为普及学生品质意识打下良好基础	解剖后可运转	演示+讲解	有变更时	10	28	4.5		2	30	0.5
		空调整机内部结构展示		拆外壳看结构	讲解	有变更时	10		7.0		2	10	1
		不良部品展示		展示+图解	讲解	有变更时	10		1.0		2	14	0.5
		良品部品展示（含马达）		展示+图解	讲解	有变更时	10		1.0		2	14	0.5
		展板				必要时	10		2.0		2	7	1
		线棒支架				必要时	10		4.5		2	7	1

（二）道场实物展示标准

整个道场长7 550 mm、宽3 500 mm，左边是空调部品和不良部品展示台，右边进行展示空调的压缩机、内机与外机，使学生对空调内部结构进行更深的了解。

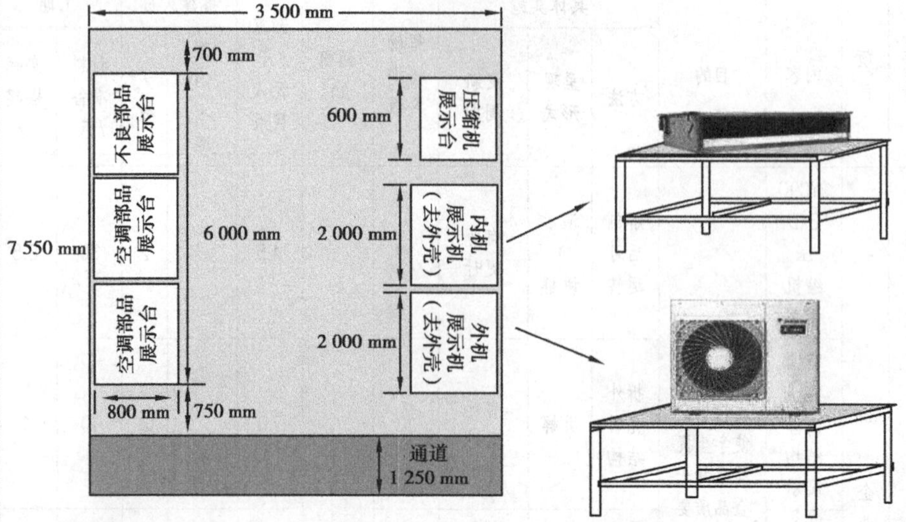

（三）QC道场展示架制作图

该制作图设定：展示台制作材料统一采用线棒作框架、板材台面、浅蓝色绒布为台布，6台能承载30 kg重量的展示台；用3台来展示空调部件，1台来展示压缩机，1台来展示外机整机结构，1台来展示内机整机结构。

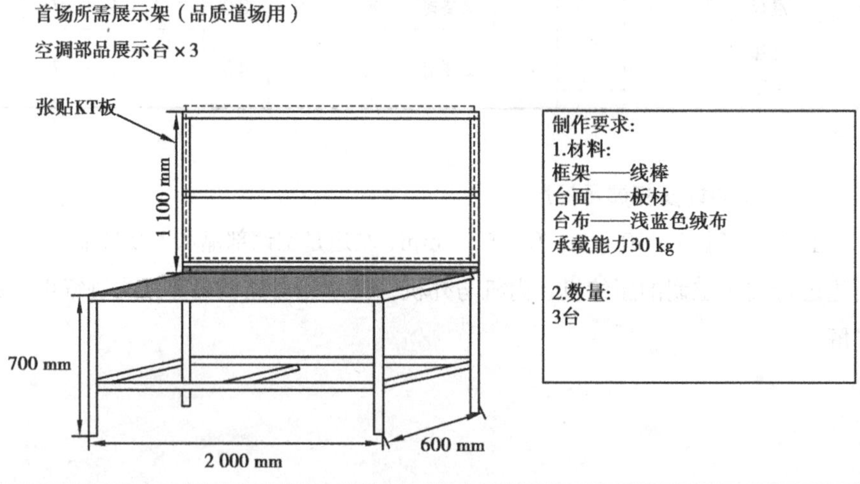

压缩机展示台×1台

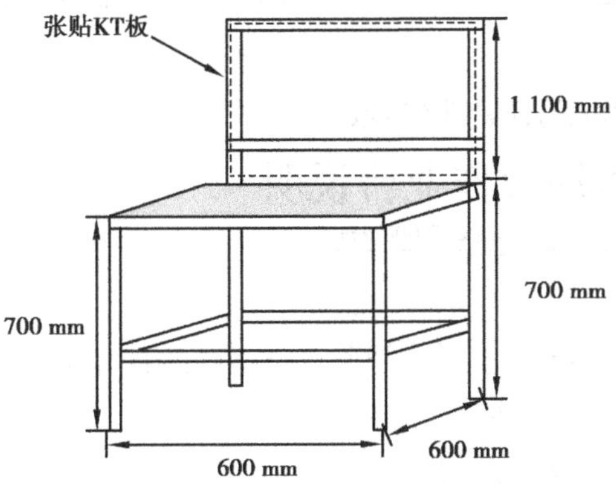

制作要求:
1.材料:
框架——线棒
台面——板材
台布——浅蓝色绒布
承载能力30 kg

2.数量:
1台

外机整机结构展示台①×1台

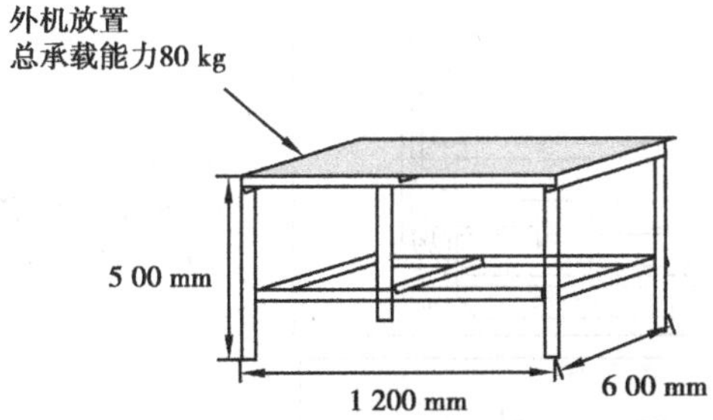

制作要求:
1.材料:
框架——线棒
台面——板材
台布——浅蓝色绒布
承载能力80 kg

2.数量:
1台

内机整机结构展示台②×1台

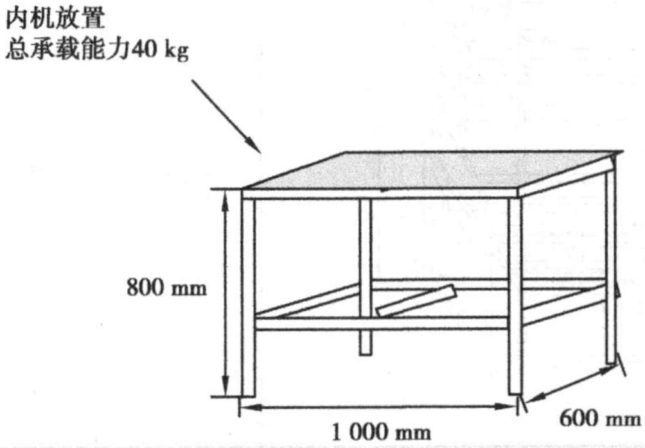

制作要求:
1.材料:
框架——线棒
台面——板材
台布——浅蓝色绒布
承载能力40 kg

2.数量:
1台

五、制造道场与钎焊道场

制造道场由一般素质训练区（6S 实物培训、感知培训）；基础技能训练区（螺丝固定、扎线、U 管插入、端子台固定）；综合实践区（电装品组立）；管理改善提高区，四个区域构成。

钎焊道场主要是 10 号 6 台钎焊组成的钎焊训练区域。

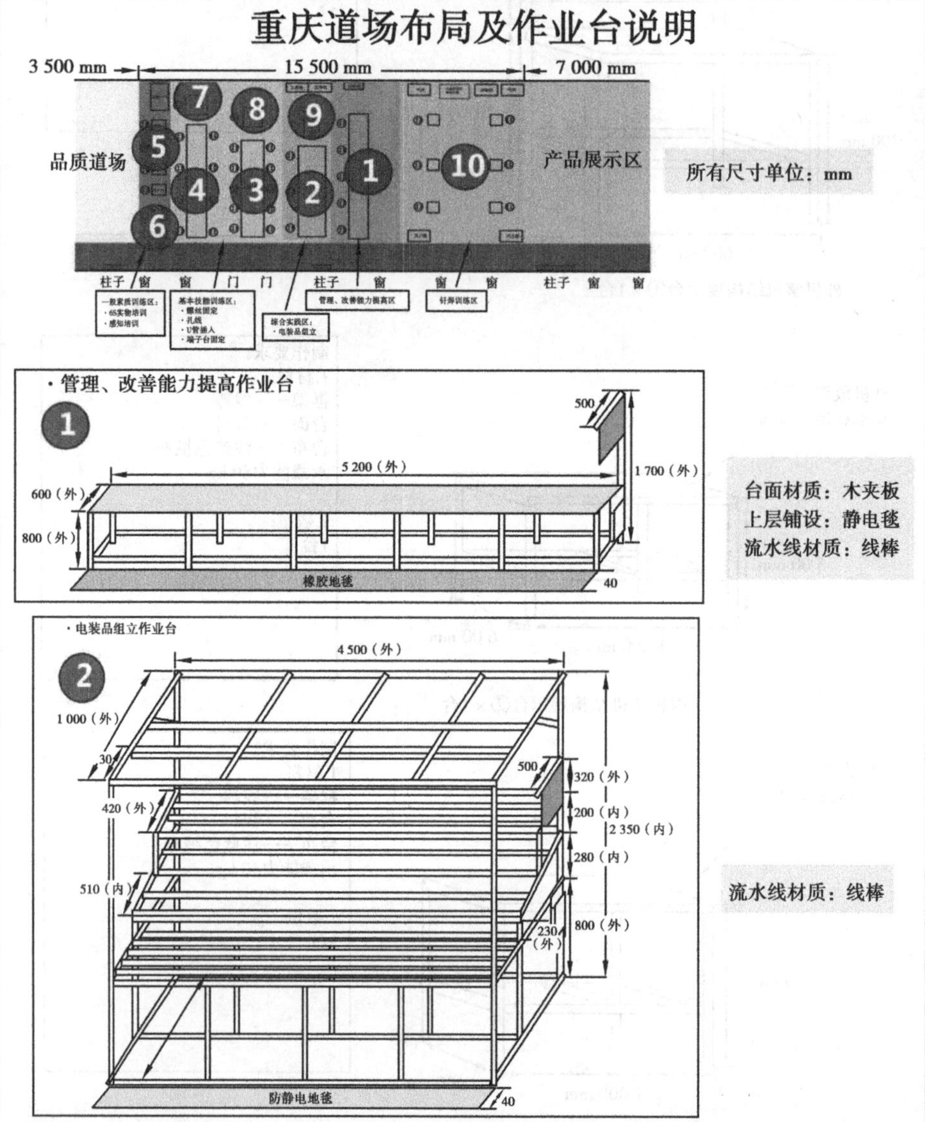

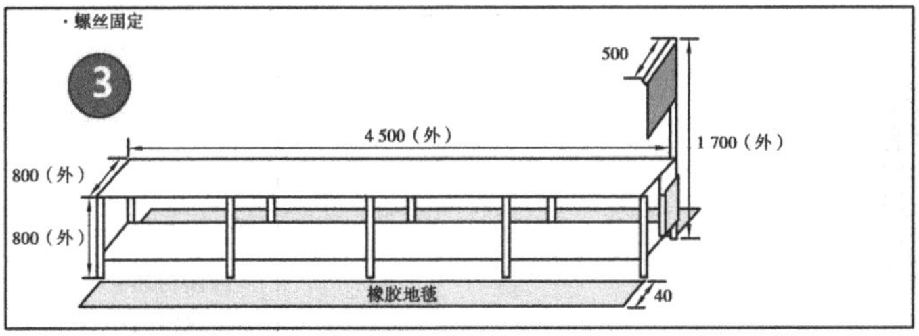

台面材质：木夹板
上层铺设：静电毯
流水线材质：线棒

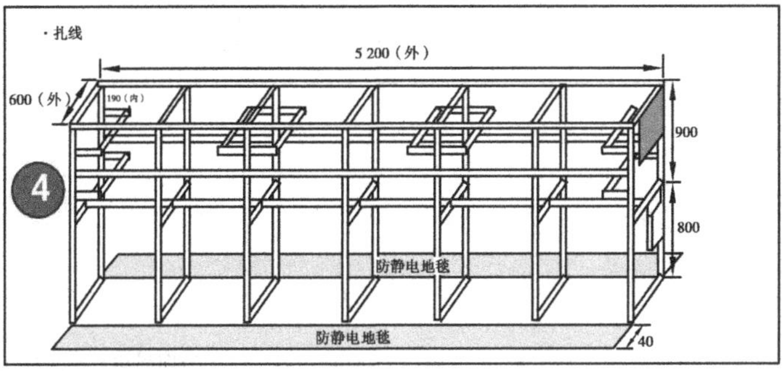

流水线材质：线棒

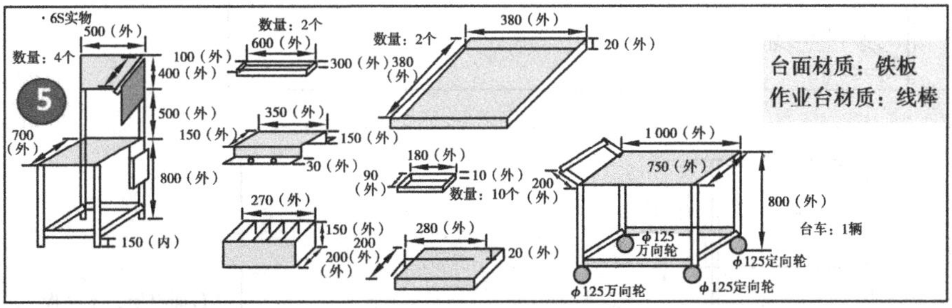

台面材质：铁板
作业台材质：线棒

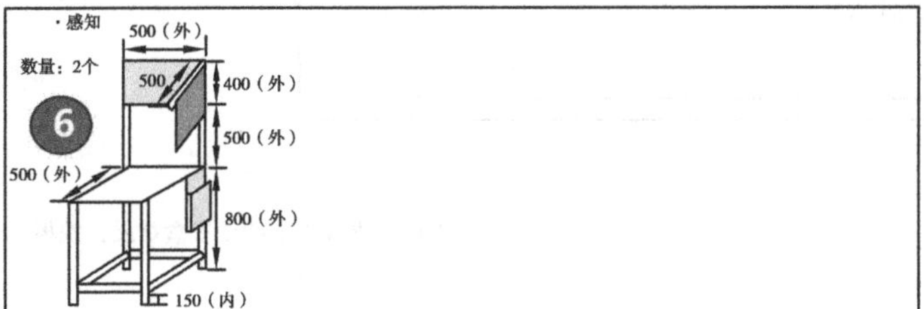

台面 材质：木夹板
作业台材质：线棒

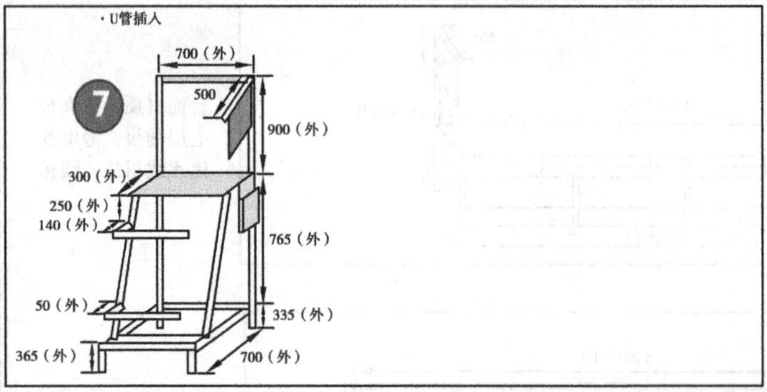

台面材质：木夹板
作业台材质：线棒

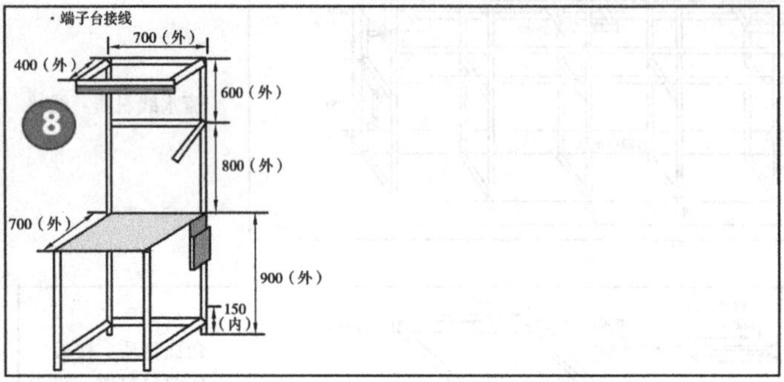

台面材质：木夹板
作业台材质：线棒

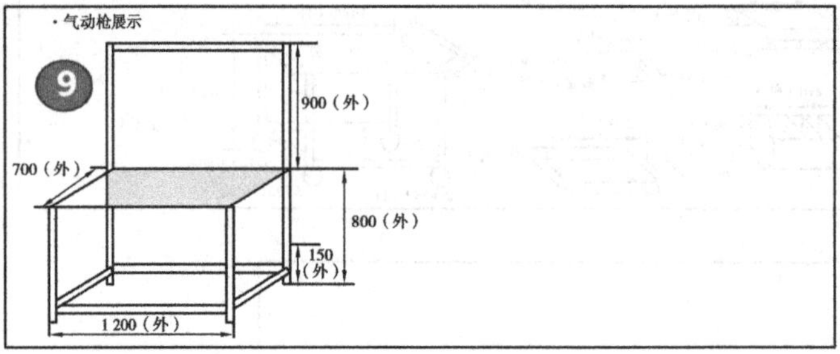

台面材质：木夹板
作业台材质：线棒

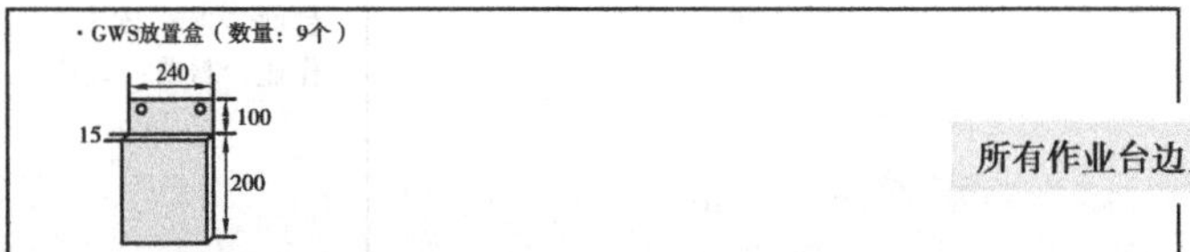

所有作业台边上的放置盒材质：铁板

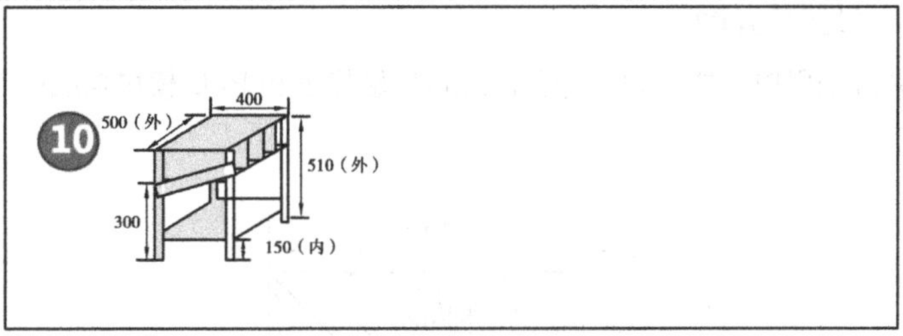

六、设备保全道场

（一）PM 布局图

重庆工商学校的 PM 培训道场布局大小为高 7 500 mm、宽 7 000 mm，主要由学生的学习准备区域；实践操作区域（变频器控制、传感器、空压系统、PLC 触摸屏）；特定的观摩区域；设备管理基础与生产设备简介区域组成。

重庆工商学校的PM培训道场布局图

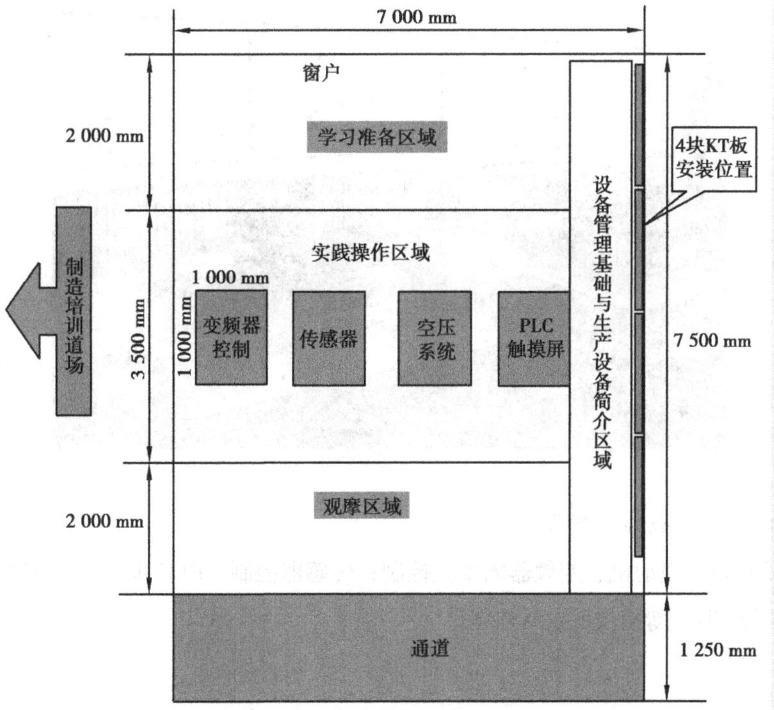

（二）装置单元图

实训装置采用单元式控制，每台训练台由触摸屏和 PLC 模块构成。

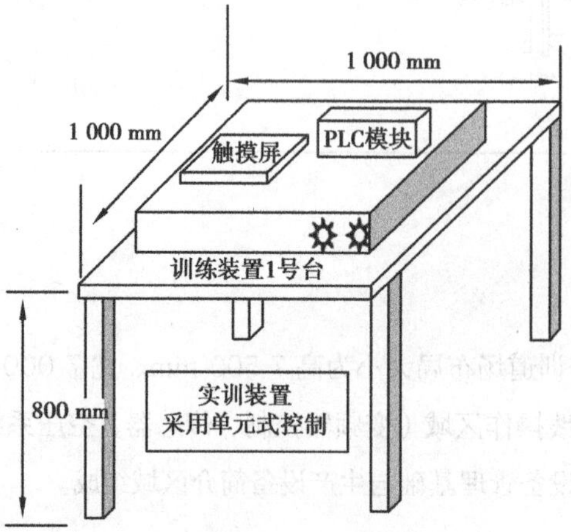

（三）单元模块概况

防护罩、电动机、变频器的变频控制；传感器控制；PLC 模块的 PLC 控制；电磁阀与气控阀等组成的空压控制。

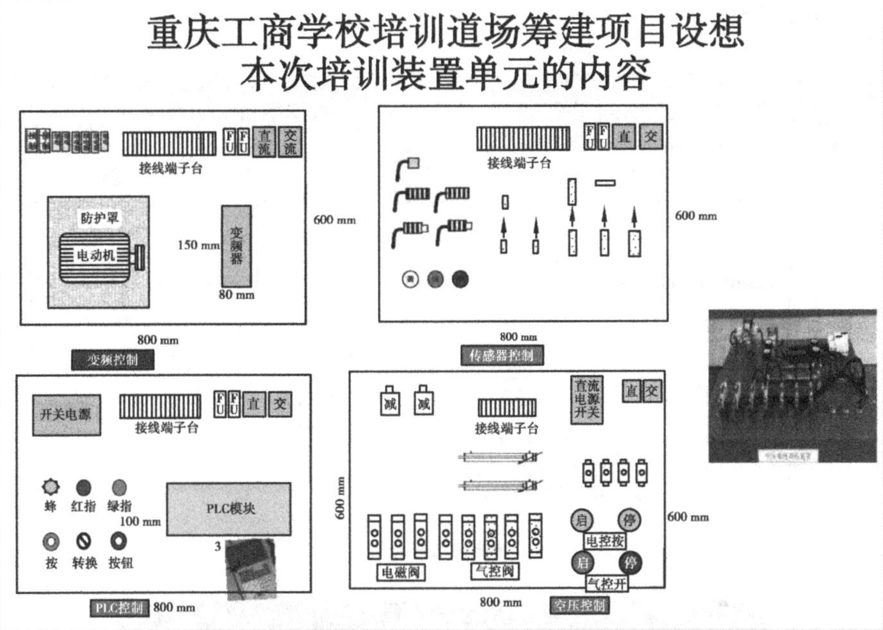

七、涂装道场

涂装道场布局为：第一排放置 2 个文件柜，同时旁边再配置 1 个垃圾桶与 1 个洗手池；3 个课桌竖列放置，课桌的旁边就是我们的体感设备与练习设备。下面举例了喷涂手法体感设备与喷水练习设备。

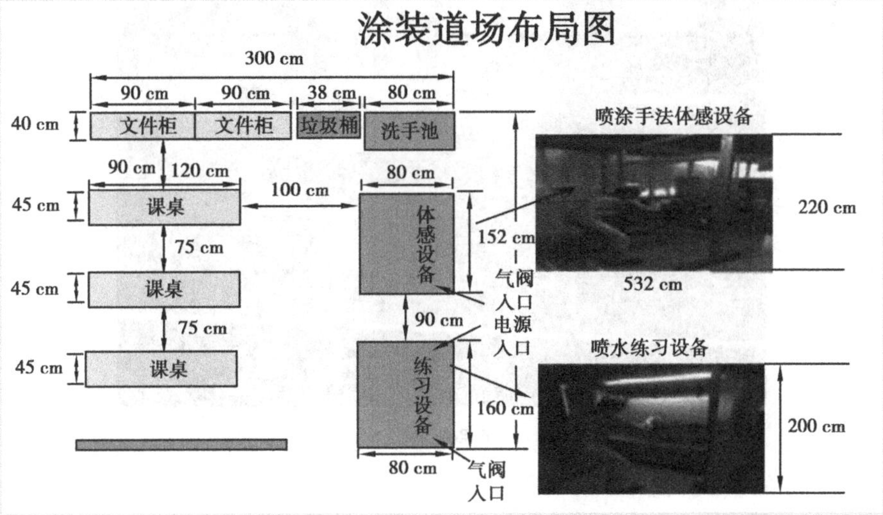

基地现场：

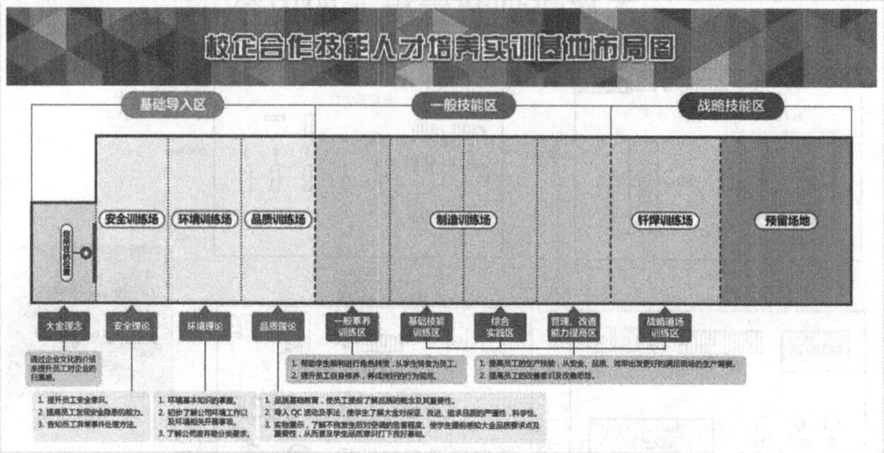

功能分区布局图

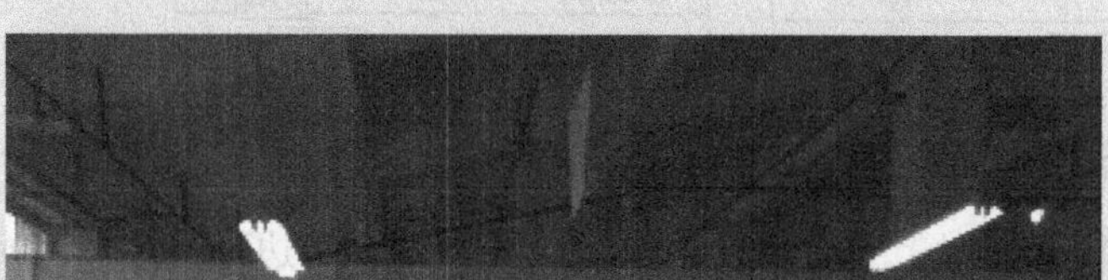

产品展示区

铜管加工区

钎焊训练区

综合实践区

大金理论区

3. 学徒选拔标准

为适应新形势下的教育改革，推进现代学徒制工作，培养高素质的中职毕业生，提高学生综合实践能力，重庆工商学校现代学徒制试点工作小组制定《重庆工商学校关于现代学徒制学徒选拔的办法》，根据“自愿、公开、公平、公正、竞争”的原则，对报名就读的学生进行选拔，采取文化测试、面试和体检相结合的方式，对符合条件的学生编入现代学徒制班。

（1）遴选条件

如符合以下条件的学生均可申请进入校现代学徒制试点班级：

· 初中毕业或具有同等学力者。

· 入学时年满 16 周岁，身体健康，无色盲色弱。

· 思想政治素质好。遵纪守法，品行端庄，无任何违纪违法行为。

· 勤奋学习，刻苦钻研，成绩良好，学习能力较强。

· 积极乐观，健康向上，具有较强的表达能力和沟通能力。

（2）遴选程序

· 每年自校企联合招生简章公布之日起接受报名，由学校工作小组统计报名情况，及时与企业沟通，控制报名人数。

· 校企联合招生招工一体化，在开学之前由校企联合组织预报名学生的遴选工作。遴选内容包括文化素质测试、面试、体检三部分。遴选工作分别由学校现代学徒制工作小组组织文化素质测试，企业对试题内容可以提出增删意见；由企业项目负责人独立组织面试、测试学生；学校组织学生参加体检。

（3）录取办法

按文化素质成绩、面试成绩和体检情况进行排名，由高到低确定当年学生（学徒）录取名单，并由校企双方签字盖章后存档。

（二）谁来培养：学校教师选拔标准、企业师傅选拔标准

重庆工商学校以培养具有专业技能与工匠精神的高素质人才为核心，以校企分工合作、双主体协同育人、职责共担、共同发展的长效机制为着力点，建立互聘共用的双导师机制，打造一支高素质现代学徒制双导师队伍。具体而言，学校教师和企业师傅的选拔标准如下。

1. 学校教师选拔标准

根据《国务院关于加强教师队伍建设的意见》（国发〔2012〕41号）《教育部财政部关于实施职业院校教师素质提高计划（2017—2020年）的意见》《教育部关于印发〈中等职业学校教师专业标准（试行）〉的通知》等文件要求，结合学校开展现代学徒制工作的实际，打造一支高素质现代学徒制教师队伍，特制定《现代学徒制学校教师遴选标准》。

（1）学校教师担任现代学徒制导师条件

现代学徒制学校教师除应具备《中等职业学校教师专业标准（试行）》规定的专业理念与师德、专业知识、专业能力三个维度的条件外，还应符合以下条件：

· 道德和纪律

坚持党的领导，坚持立德树人，热爱职业技术教育事业，遵纪守法，具有良好的师德师风；

具有良好的职业道德和协作意识，遵守学校和企业的各项规章制度，积极参与现代学徒制工作，责任心强。

· 学历和资历

学校的现任教师，工作满5年，年龄小于50周岁，身心健康，具有大学本科及以上学历，中级及以上专业技术职务，具有相应的职业资格证书。

· 经历和能力

具有企业实践经历，业务基础扎实，熟悉所任教课程涉及的岗位对知识、技能和基本素质的要求。教学水平高且具有一定的课题研究、课程开发与实施能力。

· 认可度高

教学能力强，能根据中职生的特点组织教学，得到广大师生的认可。

（2）学校教师的选拔要求

· 选拔原则：公开、公正、择优。

· 广泛动员，积极参与。学校教师采取学校推荐或自荐。根据专业建设需要，原则上5名学生为一个小组，对应一个学校教师和一个企业师傅，学校教师和企业师傅一对一结对子，组成一个学习小组，相互学习，共同进步。

· 学校教师实行动态管理，每两年举行一次选拔，具体时间和方案经校企共同商议后实施。

（3）学校导师选拔程序

·专业系推荐或自我推荐并经学校各职能部门负责人同意确定人选，由本人填写推荐表。

·现代学徒制工作小组经过考评推荐 8~10 名教师报学校办公会研究，经学校办公会研究通过后公示无异议后确定名单。

·学校确定名单后，由企业颁发聘书并存入个人档案。

2. 企业师傅选拔标准

根据校企合作协议，为了充分发挥校企各自优势，提高人才培养质量，培养学生（学徒）社会责任感、创新精神、实践能力，使学生（学徒）能够成长为符合企业需求的高素质劳动者和高技能人才，根据学生实际和岗位标准，特制订《现代学徒制企业师傅遴选标准》。

（1）企业师傅任职资格

·素养

热爱社会主义祖国，拥护中国共产党，不散布负能量，具有正确的舆情导向能力；

品行端正、责任心强，热爱岗位工作，具有奉献精神，热爱教育事业。

·知识

具有中级及以上技能等级证书或职业资格证书；

岗位资深专业人员：工龄满 5 年或从事部门培训工作（内训师）。

·技能

良好的表达能力，善于沟通，具有一定的组织协调能力及分析判断能力；

熟练运用 PPT 等办公软件；

认同公司企业文化理念，并在行动上能自觉地以符合企业文化的理念支配自身行为；

具有良好的表达能力，善于沟通，具有一定的组织协调能力及分析判断能力，并具备言传身教的能力，能根据中职生的特点传授技能，真心带徒，切实把自己的一技之长传给徒弟。

（2）企业师傅的选拔要求

·选拔原则：公平、公正、公开、科学；

·广泛动员，公司内部培训老师或取得公司技能等级称号者优先推荐为企业师傅候选人；

·企业师傅实行动态管理，每两年举行一次选拔，具体时间和方案经校企共同商议后实施。

（3）企业师傅选拔程序

·由部门推荐或员工自荐，经部门初审通过后报企业“现代学徒制”项目组终审；

·企业师傅数量和所在岗位要符合现代学徒制工作的需求；

·企业项目组终审通过后，报学校备案，并由学校发放聘书；

·企业师傅人员变更由企业“现代学徒制”项目组以书面形式通知学校。

（三）怎样培养：岗位标准、课程标准、实习标准、教学运行管理标准

1. 岗位标准

根据企业岗位属性和人才成长规律，结合典型工作任务分析，校企共同制定了钎焊、涂装、设备保全等 5 个核心岗位的三级岗位标准，岗位标准包含岗位名称、岗位目标、岗位关系、岗位职责、岗位知识和技能、岗前学习内容与要求、岗位工作内容、绩效考核等，为师傅实施岗位教学提供了依据，保障了学生（学徒）在学校学习和在企业的识岗、试岗、顶岗、轮岗、定岗等的培养质量。

制冷和空调设备运行与维护专业现代学徒制岗位标准

岗位名称：大金空调（上海）有限公司钎焊岗位标准

岗位编号：TZ001

适用行业、企业：空调生产企业

岗位性质：战略岗位

岗位学习时数：162 小时

一、岗位的性质

（一）岗位的定位

1. 岗位地位

本岗位是大金空调（上海）有限公司的战略岗位，工作技能被定位为企业三大战略技能之一，确保各种空调配管组件焊接任务的保质、保量和及时完成，在整个生产中起作重要的作用。

2. 岗位的功能

按生产计划，进行生产作业控制，确保各种空调管道焊接生产任务完成。严格执行各项作业质量标准、生产工艺文件、设备操作规程、安全生产制度，确保产品质量。日常工作中有异常时要养成“停止、汇报、等待”的良好习惯。

（二）岗位前期准备

具备企业一般岗位工作能力，遵守公司各项规章制度，有较强的安全生产及品质意识，服从上级安排的各项任务。身体条件要求无残缺、色辨功能正常（特别是单色红色色辨）、手指手臂灵活、听力正常、动作协调。

二、岗位能力要求

（一）总要求

严格遵守公司各项安全操作规程，树立“安全第一”的思想，要有强烈的团队意识，服从班组长的安排，在工作中互帮互助保质保量完成各项任务 。

（二）具体要求

1. 知识要求

具备专业的钎焊专业知识，以及钎焊岗位相关设备的知识要点。

2. 技能要求

具备钎焊专业技术操作能力，以及钎焊不良问题分析判断以及解决能力。还应具备钎焊设备的正确点检及问题点发掘能力。

3. 素养要求

具备积极向上的业务钻研精神，以及高度的工作热情以及对工作负责的态度。

三、岗位考核内容和要求

钎焊技能评价基准表

序号	项目	任务	课程内容与要求			学时
			知识目标	技能目标	素养目标	
1	焊接前的准备	制冷系统的认识	①了解空调系统常用部件的作用 ②冷暖型空调制冷原理 ③认识制冷系统中管道的焊接点 ④了解空调的概念 ⑤了解空调的四要素		①培养学生安全产生意识；②培养学生6S职业素养；③培养零灾害思想；④培养学生的环境意识；⑤培养学生的品质意识	0.75
		铜管的加工	①了解切管器结构及使用方法 ②了解倒角器结构及使用方法 ③了解杯型口结构及使用方法	①会使用切管器和倒角器 ②会按要求进行铜管的切割和管口的处理 ③会使用扩管器 ④能做出合格的杯型口		12
		钎焊场地认识	①钎焊场地的安全要求 ②钎焊操作规程 ③钎焊作业正确着装			0.75
2	制冷系统管道的基础焊接	钎焊设备的认知	①便携式气焊设备的认知 ②固定式气焊设备认知 ③辅助工具的认知 ④了解焊接的分类 ⑤了解钎焊的定义			0.75
		焊接设备的点检	①减压阀的使用 ②氮气的性质及应用 ③三气包的认知和使用方法	①能正确进行焊枪的点检 ②能正确进行焊接皮管的点检 ③能正确进行“三气包”的点检 ④能正确进行压力阀的点检 ⑤能正确区分三种气源 ⑥能正确调节气源压力		0.75
		焊接材料的认知与选择	①钎焊部件的认识 ②钎焊条件的确认 ③配管的装配要点 ④认识焊剂的种类 ⑤了解冷媒配管三原则	①能正确区分空调系统钎焊中U形管 ②能正确区分钎焊操作中常用的配管 ③掌握对钎焊条件的确认方法 ④掌握配管装配的正确方法 ⑤掌握焊材的选择 ⑥会对焊剂进行正确的选择		0.75

续表

序号	项目	任务	课程内容与要求			学时
			知识目标	技能目标	素养目标	
2	制冷系统管道的基础焊接	焊枪的操作及火焰的认识	①焊枪点检 ②点火关火的操作 ③火焰认知 ④预热的 5 个要点 ⑤焊材流动的 5 个要点	①会对气焊枪进行正确的点检 ②会正确进行点火及关火操作顺序 ③能头正确调节出焊接火焰	①培养学生安全产生意识；②培养学生6S职业素养；③培养零灾害思想；④培养学生的环境意识；⑤培养学生的品质意识	3
		铜管向下焊接的基础操作	①了解向下焊接预热的操作要领 ②了解气焊焊接时火焰移动的标准 ③了解焊材添加的操作要领 ④焊接后的检验要求	①能熟练使用气焊设备对向下焊接点进行预热 ②能正确掌握焊材添加的时机及方法 ③在规定时间内熟练操作常用管径的向下焊接		43.5
		铜管向上焊接的基础操作	①了解向上焊接预热的操作要领 ②了解气焊焊接时火焰移动的方向 ③了解焊材添加的操作要领 ④焊接后的检验要求	①能熟练使用气焊设备对向上焊接点进行预热 ②能正确掌握焊材添加的时机及方法 ③在规定时间内熟练操作常用管径的向下焊接		43.5
		铜管横向焊接的基础操作	①了解横向焊接预热的操作要领 ②了解气焊焊接时火焰移动的方向 ③了解焊材添加的操作要领 ④焊接后的检验要求	①能熟练使用气焊设备对横向焊接点进行预热 ②能正确掌握焊材添加的时机及方法 ③在规定时间内熟练操作常用管径的向下焊接		42.75
3	制冷系统管道的应用钎焊	热交换器的焊接	①了解热交换器焊接的分类 ②学习热交换器焊接的要领	①能熟练使用气焊设备对不同壁厚热交换器焊接点进行预热 ②能掌握热交换器焊点焊接顺序 ③能正确掌握焊材添加的时机及方法 ④在规定时间内熟练操作常用管径的向下焊接		6
		工艺管封口	①了解工艺管封口的意义 ②学习工艺管封口焊接的操作要领	①能熟练使用气焊设备对工艺管管口进行预热 ②能正确掌握焊材添加的时机及方法 ③在规定时间内熟练操作常用管径的向下焊接		4.5
		四通阀焊接	①了解四通阀的内部结构 ②了解四通阀焊接的注意事项 ③学习四通阀焊接的操作要领	①能熟练使用气焊设备对四通阀焊接点进行预热 ②能正确掌握焊材添加的时机及方法 ③在规定时间内熟练操作常用管径的向下焊接		4.5

四、岗位条件

道场实验条件：多媒体，钎焊实操作业台，焊炬。

五、岗位能力评价

笔试，技能操作，现场答辩。

六、考核评价表（参考表格）

考核内容根据评价基准进行等级变动。员工必须先取得《钎焊特种作业操作证》，方可上岗。等级评价必须从C级开始考核，具有C级资质才可以报考B级，具有B级资质才可以报考A级。

钎焊知识力测试表

技能者水平	操作项目[a]	技能评价[b]	理论（知识）评价
卓越技能者	铝焊	4.8以上（技能评价表④ QH-PJ-004）	90以上（试卷③ QH-SJ-003）
	黄铜焊	4.8以上（技能评价表③ QH-PJ-003）	
	银焊	4.8以上（技能评价表② QH-PJ-002）	
	磷铜焊	4.8以上（技能评价表① QH-PJ-001）	
高度熟练技能者	黄铜焊	3.5以上（技能评价表③ QH-PJ-003）	80以上（试卷③ QH-SJ-003）
	银焊	3.5以上（技能评价表② QH-PJ-002）	
	磷铜焊	4.8以上（技能评价表① QH-PJ-001）	
熟练技能者	银焊	3.5以上（技能评价表② QH-PJ-002）	80以上（试卷② QH-SJ-002）
	磷铜焊	4.8以上（技能评价表① QH-PJ-001）	
熟技能者	磷铜焊	4.5以上（技能评价表① QH-PJ-001）	80以上（试卷 QH-SJ-001）
技能者	磷铜焊	4.2以上（技能评价表① QH-PJ-001）[c]	70以上（试卷① QH-SJ-001）

注：a 单个评价项目不得低于3.0分。

b 评价分为平均分。

c 以磷铜焊为例，A等级为4.8~5.0；B等级为4.5~4.7；C等级为4.2~4.4。

钎焊实际操作评价表（以磷铜钎焊为例）

管理编号：QH-PJ-001A

钎焊技能评价表
磷铜钎焊

课题
向下：2处
向上：2处
横向：2处

部　长	课　长	担　当

制作日2016年06月28日

希望：以一定的基准评价技能水准

目标：提高作业、内外观形象

所属　　　　姓名

作业评价

1）母材表面的确认	⑤目视・擦拭	④擦拭	③仅目视	②在进行确认的样子	①无确认
2）火焰的调整	⑤炭化焰基准50 mm	④比基准长	③比基准短	②稍氧化焰	①氧化焰
3）火力的调整	⑤适合母材	④略弱	③稍强	②弱	①不适合母材
4）还原焰的先端位置 下：↓上：↑横：→	⑤距离配管2~3 mm	④距离配管4~10 mm	③先端有时碰到母	②先端碰到母材	①碰到很多
5）配管的加热状态 下：↓上：↑横：→	⑤内・外管均等加热	④内管稍高温	③外管稍高温	②内管高温	①外管高温
6）母材的加热范围 下：↓上：↑横：→	⑤内外管钎焊部	④宽	③窄	②仅内管	①仅外管
7）火焰的方向 下：↓上：↑横：→	⑤不偏离母材	④有时偏离	③偏离(小)	②偏离(中)	①偏离(大)
8）火焰、焊材的角度 下：↓上：↑横：→	⑤60~90度	④大于90度	③小于60度	②平行	①一直线
9）焊材从先端开始溶化 下：↓上：↑横：→	⑤先端点接触	④先端线接触	③钎焊上部接触	②焊材垂直于母材	①不接触
10）焊材的流动和重叠状态 下：↓上：↑横：→	⑤焊材恰当	④重叠大	③重叠小	②有针孔	①焊材少(露出端面)
11）钎焊部的确认 下：↓上：↑横：→	⑤钎焊中・后确认	④钎焊后确认	③钎焊中确认	②确认不充分	①无确认
12）作业时间 向下	⑤2分以内	④2分30秒以内	③3分以内	②3分30秒以内	①3分30秒以上
13）作业时间 向上	⑤2分30秒以内	④3分以内	③3分30秒以内	②4分以内	①4分以上
14）作业时间 横向	⑤2分30秒以内	④3分以内	③3分30秒以内	②4分以内	①4分以上
15）外观完成状态	*使用下图进行评价	向下 3.0 4.0	向上 3.0 3.0	横向 3.0 4.0	平均 3.3
16）内观完成状态	*使用下图进行评价	向下 4.0 5.0	向上 5.0 5.0	横向 4.0 5.0	平均 4.7

钎焊方法
↓向下
↑向上
→横向

作业完成状态评价

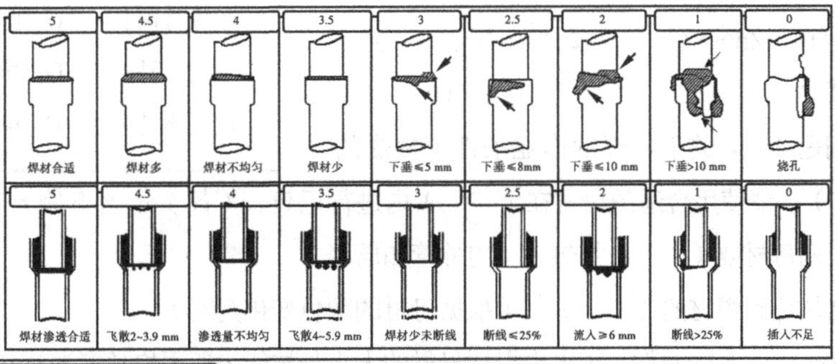

（总结）

个人技能水平评价表

（第1回）
（诊断日）
（平均水准值）
（技能水准）

（第2回）
（诊断日）
（平均水准值）
（技能水准）

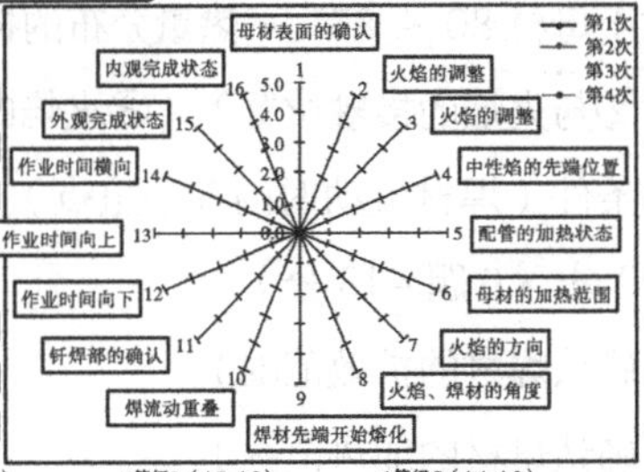

（第3回）
（诊断日）
（平均水准值）
（技能水准）

（第4回）
（诊断日）
（平均水准值）
（技能水准）

*等级A（5.0~4.8）　*等级B（4.7~4.5）　*等级C（4.4~4.2）　*再教育（4.2以下）

问题 1　关于钎焊的条件，请用合适的语言在（　　）内进行记载。（各 3 分 ×6 题 =18 分）

①间隙的确认，间隙大小（　　）mm 比较适合，不小于（　　）mm。

②母材表面的清扫确认，在母材表面不能黏附着氧化物、油等污渍和（　　）。

③接口形状的确认，接头使用（　　）接头。

④焊材的选择确认，是否选择了（　　）使用目的的焊材。

⑤助焊剂的选择确认，是否选择了（　　）温度适合的助焊剂。

问题 2　下面的语句，正确的画√，错误的画 ×，请将√或 × 填入（　　）内。（各 3 分 ×4 题 =12 分）

①（　　）用磷铜焊料，接合铜与铜、铜与黄铜时，不需要助焊剂也能钎焊。

②（　　）铜管进行钎焊时，给管内充氮气是为了防止铜管内部产生氧化膜。

③（　　）铜的熔点是 1 083 ℃。

④（　　）磷铜钎材（SCuP-2）作业温度为 735 ~ 845 ℃。

问题 3　下面的钎材规格分别表示的是什么，请从右边的材料名中选择适当的将其前面字母填入(　　)内。(各 2 分 ×4 题 =8 分)

A. 铝钎材	B. 银钎材
C. 金钎材	D. 磷铜钎材
E. 黄铜钎材	F. 锡钎材

① BCuZn →（　　）② Alu →（　　）

③ BCuP →（　　）④ BAg →（　　）

问题 4　关于钎焊的作业条件（预热的 5 个重点），请使用合适的语言在（　　）内进行记载。（各 4 分 × 5 题 = 20 分）

①两母材要（　　）加热。（内外管和周围）

②加热到焊材的（　　）。（根据母材的颜色变化判断）

③（　　）的调整。（火力根据母材的大小与技能・还原焰长度为 5 cm）

④（　　）的角度。（相对于母材 80 ~ 85° ・热量分布的控制）

⑤目视・确认（①　　）（②与火焰的接触位置）（③火焰的方向）

问题 5　关于钎焊的作业条件（焊材流动时的 5 个重点），请使用合适的语言在（　　）内进行记载。（各 3 分 ×6 题 =18 分）

①确认焊材的（　　）。（确认焊材的扩散范围）

②焊材（　　）的确认。（确认母材的加热范围）

③焊材从（　　）开始融化。（　　）

④（　　）的角度。（火焰比预热时稍微站立·火焰与焊棒为 90°）

⑤目视·确认·最终确认 =（　　）。（①还原焰的前端）（②与火焰的接触位置）（③火焰的方向）

问题 6　关于焊材为什么会被向上吸入？请使用合适的语言在（　　）内进行记载。（各 2 分 ×1 题 =2 分）

①（　　）= 凝集力 + 附着力（各 2 分 ×1 题 =2 分）

问题 7　关于预热及钎焊时的注意点、请使用合适的数字在（　　）内进行记载。（各 4 分 ×2 题 =8 分）

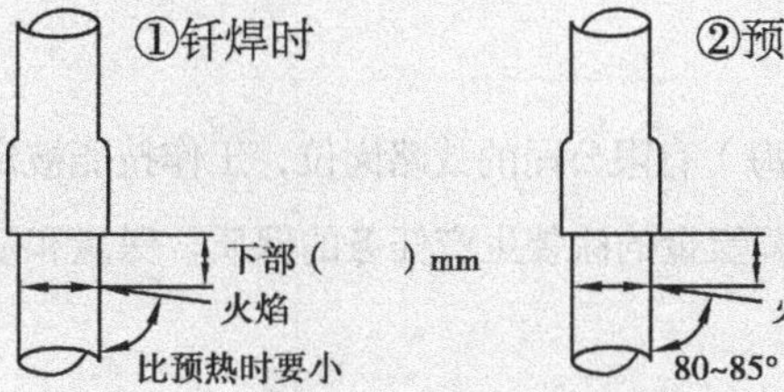

问题 8　机能部件钎焊要点，将正确答案写在（　　）内。（各 2 分 ×3 题 =6 分）

①机能部件钎焊时冷却的作用是（　　）。

A. 去除氧化膜　B. 防止氧化膜产生　C. 温度下降到 100 ℃以下

②单向阀钎焊时用冷却夹冷却，钎焊后（　　）取下冷却夹。

A. 可以直接　B. 等 60 秒后　C. 焊接点用水冷却后

③机能部件钎焊时，（　　）钎焊。

A. 不用冷却　B. 进行冷却

问题 9　指出焊接工作中的安全要点，将正确答案写在（　　）内。（各 2 分 × 4 题 = 8 分）

①为了确保安全，燃气泄漏检查等，设备的（　　）是非常重要的。

②定期在焊枪的可燃性气体侧的连接口，用手指确认是否有被吸入的感觉（　　）测试比较有益。

③检查焊缝时，严禁用手（　　）焊接高温位置。

④停止作业挂枪时，必须确认焊枪火焰（　　）且放置稳定后，方能放下钎焊枪。

岗位名称：大金空调（上海）有限公司涂装工岗位标准

岗位编号：TZ002

适用行业、企业：空调生产企业

岗位性质：战略岗位

岗位学习时数：78 小时

一、岗位的性质

（一）岗位的定位

1. 岗位地位

本岗位是大金空调（上海）有限公司的战略岗位，工作技能被定位为企业三大战略技能之一，确保各种空调钣金的涂装生产任务的保质、保量和及时完成，在整个生产中起作重要的作用。

2. 岗位的功能

按生产计划，进行生产作业控制，确保各种空调钣金的涂装生产任务完成。严格执行各项作业质量标准、生产工艺文件、设备操作规程、安全生产制度，确保产品质量。日常工作中有异常时要养成“停止、汇报、等待”的良好习惯。

（二）岗位前期准备

具备企业一般岗位工作能力，遵守公司各项规章制度，有较强的安全生产及品质意识，服从上级安排的各项任务。身体条件要求一般智力水平、色觉正常、味觉正常、手指手臂灵活、动作协调。

二、岗位能力要求

（一）总要求

具有较强的职业操守，能做好劳动保护、环保、安全文明生产工作，具备企业战略岗位工作能力。

（二）具体要求

1. 知识要求

掌握涂装的基础知识，了解 DIS 粉末涂装生产线工艺流程及设备介绍，熟悉上海大金化学脱脂法的各项工艺管理数据，掌握常用化学药剂的特性，掌握喷枪的工作原理、结构及使用方法，了解喷枪日常维护方法及故障排除方法。

2. 技能要求

安全操作，正确穿戴劳防用品，会正确调整喷枪涂料喷出的幅度状态、气压的大小、溶剂喷出量的大小，会正确喷枪的距离、角度、速度和重叠喷涂以及手腕固定的要领，会对喷枪进行保养和常见故障诊断及排除，能对涂装不良品进行定义，会进行涂料和涂层物性测定。

3. 素养要求

安全操作，爱岗敬业，团结协作，吃苦耐劳，服从安排。

三、岗位考核内容和要求

<table>
<tr><th rowspan="2">序号</th><th rowspan="2">项目</th><th rowspan="2">任务</th><th colspan="3">课程内容与要求</th><th rowspan="2">学时</th></tr>
<tr><th>知识</th><th>技能</th><th>素养</th></tr>
<tr><td rowspan="5">1</td><td rowspan="5">空调涂装概述</td><td>涂装的定义及作用</td><td>①了解涂装的定义及作用
②了解涂装的特点和分类</td><td>会识别涂装在各个领域的作用</td><td rowspan="5">①提高动手能力，为后续课程的学习、实践、就业打下基础</td><td>1</td></tr>
<tr><td>涂装作业的安全生产</td><td>①了解涂装作业的重要性
②了解涂装作业的危害</td><td></td><td>2</td></tr>
<tr><td>涂装个人安全与防护</td><td>①掌握防护用品及作用
②掌握人体劳保物品穿戴
③上海大金前处理岗位劳防用品佩戴</td><td>①能正确穿戴劳防用品
②能根据不同岗位工作正确穿戴劳防用品</td><td>3</td></tr>
<tr><td>涂装作业中的安全急救措施</td><td>①掌握眼化学伤的急救与预防方法
②掌握身体化学伤急救方法
③掌握油漆粘到皮肤上的处理方法</td><td>①掌握眼部冲洗装置的使用方法
②掌握喷淋设备的使用方法</td><td>2</td></tr>
<tr><td>涂装安全操作规程</td><td>①掌握一般安全操作规程
②掌握涂料危险品操作规范
③掌握防火知识
④掌握防毒知识
⑤了解三废治理</td><td>①会使用灭火器
②能进行药剂异常情况急救处理</td><td>3</td></tr>
</table>

续表

序号	项目	任务	课程内容与要求			学时
			知识	技能	素养	
2	静电粉末涂装基础知识	静电粉末涂装基础知识	①了解静电粉末喷涂特点 ②了解怎样降低对环境的污染程度 ③了解经济效益 ④了解怎样节约能源 ⑤了解优异的涂膜性能		②具有诚实守信、勤奋敬业、吃苦耐劳的品德	3
		静电粉末涂装流水线工艺基础	①掌握DIS静电涂装流水线工艺流程图 ②掌握静电涂装流水线重要工艺说明	会画DIS静电涂装流水线工艺流程图		3
		静电粉末喷涂系统组成及作用	①掌握静电粉末喷涂系统的组成 ②掌握静电粉末喷涂工序的组成 ③掌握静电粉末供粉设备的介绍 ④了解粉末回收设备的介绍	会清洁旋风分离器		4
		粉末涂装的不良定义	①掌握检验内容及实施方法 ②掌握涂装完成品表面等级划分 ③掌握粉末涂装完成品表面缺陷类别	①能对涂装不良品进行定义 ②能对水滴实验进行不良品定义		3
		粉末涂装的检查基准	①掌握DIS检验基准 ②掌握粉末涂装完成品膜厚检查要求 ③掌握涂装完成品涂膜硬度检查要求 ④掌握涂装完成品划格试验检查要求 ⑤掌握涂装完成品杯突试验检查要求 ⑥掌握涂装完成品耐冲击检查要求 ⑦掌握涂装二次物性检查要求 ⑧掌握涂装流水线环境要求	①能对涂装完成品进行各种质量检查，达到生产要求 ②会操作涂装检查设备		4
		磷化与金属表面除锈	①了解涂装前技术处理的目的 ②了解金属表面除锈与除旧漆	掌握金属表面除锈与除旧漆的技巧和药剂配方		2
		金属除油与非金属表面处理	①了解金属表面除油 ②了解木材的一般处理 ③了解塑料制品的表面处理 ④了解竹、藤制品的表面处理 ⑤了解水泥的表面制品	掌握金属和非金属表面除油技巧和配方		2

续表

序号	项目	任务	课程内容与要求			学时
			知识	技能	素养	
3	粉末涂装工艺流程及设备	粉末涂装工艺	①掌握纳米陶瓷处理（又称陶化处理） ②了解粉末涂装生产线 ③了解 DIS 粉末涂装生产线示意图及与代表性涂装工艺流程区别 ④了解部分生产线图	能绘制 DIS 粉末涂装生产线流程示意图	③具有善于动脑、勤于思考，及时发现问题的学习习惯 ④具有乐于与他人共事的团队意识，能进行良好的团队合作	4
		涂装前处理设备及介绍	①掌握 DIS 粉末涂装流水线设备介绍 ②了解钣金件的表面（前）处理 ③掌握钣金前处理的种类	能鉴别钣金件的表面（前）处理好坏		3
		涂装前处理工艺	①了解化学前处理的两大工艺种类 ②了解粉末涂装预脱脂、脱脂工艺流程简介 ③熟悉化学脱脂法的种类及工艺流程 ④熟悉涂装流水线工艺 ⑤掌握纳米陶瓷处理技术	能绘制前处理工艺流程图		4
		涂装前处理工艺管控标准	①熟悉上海大金化学脱脂法的各项工艺管理数据 ②了解预脱脂、脱脂管理数据 ③了解特殊工程管理数据 ④了解水洗、陶化管理数据 ⑤了解纯水洗管理数据	金属腐蚀实验和防腐蚀实验		4
4	化学药剂的管理与急救	常用化学药剂的特性	掌握常用化学药剂的特性，脱脂剂、pH 调整剂（硝酸 5%~10%）、陶化剂（氟锆酸 0.1%~1%）、稀硫酸 0.98%、浓硫酸 98%	能识别常用前处理药剂		2
		常用化学药剂的急救与应急措施	①掌握急救措施 ②掌握药剂入眼和溅到身体的急救 ③掌握上海大金主要管理的化学药剂及急救措施	①能进行药剂入眼急救处理 ②能进行药剂溅到身体的急救处理		2
		涂装材料	①了解稀释剂 ②了解辅助材料特性	能识别树脂材料		1

续表

<table>
<tr><th rowspan="2">序号</th><th rowspan="2">项目</th><th rowspan="2">任务</th><th colspan="3">课程内容与要求</th><th rowspan="2">学时</th></tr>
<tr><th>知识</th><th>技能</th><th>素养</th></tr>
<tr><td rowspan="3">5</td><td rowspan="3">喷枪的原理及使用方法</td><td>溶剂喷枪的结构、工作原理与使用方法</td><td>①熟悉溶剂喷枪的结构
②掌握溶剂喷枪的工作原理
③掌握溶剂喷枪主要组件作用及调节方法
④了解溶剂喷枪的类型</td><td>①能正确调整喷枪涂料喷出的幅度状态、气压的大小、溶剂喷出量的大小
②能正确调节喷枪的距离、角度、速度和重叠喷涂以及手腕固定的要领
③能达到水滴喷涂的良品状态
④掌握喷枪调整的方法</td><td rowspan="4">⑤具有爱护设备和检测仪器的良好习惯
⑥具有安全操作的工作意识</td><td>4</td></tr>
<tr><td>粉末喷枪的结构、工作原理及使用方法</td><td>①熟悉静电粉末喷枪的原理
②了解静电粉末喷枪种类
③了解摩擦荷电静电粉末喷枪的工作原理</td><td>会使用粉末喷枪，并能正确调节</td><td>3</td></tr>
<tr><td>喷枪的日常维护及维修</td><td>①熟悉喷枪日常维护
②熟悉喷枪出现的问题及解决办法</td><td>①会对喷枪进行保养
②会对喷枪常见故障进行诊断及排除</td><td>3</td></tr>
<tr><td>6</td><td>涂装的检测方法及行业标准</td><td>涂装中常用的国家检测标准</td><td>①了解涂层光泽测定法
②了解涂膜鲜映性测定法
③了解便携式鲜映性测定仪（PGD）测定
④了解图像分辨法
⑤了解涂层张力测定法
⑥了解涂膜能见度极限测定法
⑦了解雾影测定法
⑧涂膜橘皮测定法
⑨涂膜铅笔硬度测定法
⑩涂膜干性试验法
⑪烘道温度追踪测定</td><td>①会涂层光泽测定方法
②会涂膜鲜映性测定方法
③会使用便携式鲜映性测定仪（PGD）
④会图像分辨方法
⑤会涂层张力测定方法
⑥会涂膜能见度极限测定方法
⑦会雾影测定方法
⑧会涂膜橘皮测定方法
⑨会涂膜铅笔硬度测定方法
⑩会涂膜干性试验法
⑪会烘道温度追踪测定方法</td><td>5</td></tr>
</table>

续表

<table>
<tr><th rowspan="2">序号</th><th rowspan="2">项目</th><th rowspan="2">任务</th><th colspan="3">课程内容与要求</th><th rowspan="2">学时</th></tr>
<tr><th>知识</th><th>技能</th><th>素养</th></tr>
<tr><td rowspan="2">6</td><td rowspan="2">涂装的检测方法及行业标准</td><td>涂料质量及涂层性能检测</td><td>①黏度
②落球黏度计法
③福特杯法
④气泡计时法
⑤固体含量
⑥密度
⑦细度
⑧遮盖力
⑨干燥时间</td><td>会用不同的方法进行涂料质量及涂层性能检测</td><td rowspan="2">⑦具有一定的企业岗位工作能力</td><td>5</td></tr>
<tr><td>涂层物性测定</td><td>①涂层厚度
②涂层硬度
③涂层光泽
④涂层耐冲击性
⑤涂层柔韧性
⑥涂层附着力
⑦颜色及色差
⑧老化试验
⑨耐腐蚀试验</td><td>会进行涂层物性优良度测定</td><td>6</td></tr>
</table>

四、岗位条件

①道场实验条件：喷水实验台，手感模拟工作台。

②涂装作业生产线。

五、岗位能力评价

笔试，技能操作，现场答辩。

六、其他

七、附件：考核评价表（参考表格）

大金空调（上海）有限公司涂装工岗位等级考核评价表

姓名　　　　　　　　　评审员　　　　　　　　　　　　　　　等级

序号	项目	知识	考核方式	考核内容及成绩			备注
				C级成绩	B级成绩	A级成绩	
1	素养	①以积极的态度对工作，严格遵守公司各项制度	现场答辩				
		②熟知涂装各岗位的安全操作规程并严格遵守					
		③熟知涂装各岗位的危险发生源					
		④增强学习能力努力提高自己的知识技能，适应满足公司发展的需要					
		⑤对自己承担的工作要有责任感，每项工作必须确认					
		⑥日常工作中有异常时要养成“停止、汇报、等待”的良好习惯					
2	涂装理论	①了解涂装的定义及作用	理论考试				
		②了解涂装的特点和分类					
		③了解涂装作业的危害及安全急救措施					
		④掌握人体劳保物品穿戴方法及作用					
		⑤上海大金前处理岗位劳防用品佩戴					
		⑥掌握涂装作业一般安全操作规程					
		⑦了解静电粉末喷涂特点					
		⑧了解粉末回收设备的介绍					
		⑨掌握粉末涂装完成品表面缺陷等级划分及检测方法					
		⑩了解DIS粉末涂装生产线示工艺流程及设备介绍					
		⑪了解涂装前技术处理目的及方法					
		⑫掌握DIS检验基准					
		⑬了解钣金件的表面（前）处理					
		⑭了解粉末涂装预脱脂、脱脂工艺流程简介					

续表

序号	项目	知识	考核方式	考核内容及成绩			备注
				C级成绩	B级成绩	A级成绩	
2	涂装理论	⑮熟悉上海大金化学脱脂法的各项工艺管理数据	理论考试				
		⑯掌握常用化学药剂的特性					
		⑰掌握涂装作业的安全急救措施					
		⑱掌握上海大金主要管理的化学药剂及急救措施					
		⑲掌握溶剂喷枪的工作原理、结构及使用方法					
		⑳了解喷枪日常维护方法及故障排除方法					
3	涂装技能	①能正确穿戴劳防用品	现场操作				
		②能进行药剂异常情况急救处理					
		③能正确调整喷枪涂料喷出的幅度状态、气压的大小、溶剂喷出量的大小					
		④能正确喷枪的距离、角度、速度和重叠喷涂以及手腕固定的要领					
		⑤能鉴别钣金件的表面(前)处理好坏					
		⑥能识别前处理药剂					
		⑦会绘制DIS静电涂装流水线工艺流程图					
		⑧能对涂装不良品进行定义					
		⑨能对喷枪进行保养和常见故障诊断及排除					
		⑩会进行涂料质量及涂层性能检测					
		⑪会进行涂层物性测定					

注：考核内容，所在等级阴影部分不属于该级考核范围，提示A级考核范围为所有内容。考核结果分三大类：素养、涂装理论和涂装技能，必须三类成绩分别合格及以上才能获得相应的等级认可。员工定级必须从C级开始考核，具有C级资质才可以报考B级，具有B级资质才可以报考A级。

岗位名称：大金空调（上海）有限公司设备保全岗位标准

岗位编号：TZ003

适用行业、企业：空调生产企业

岗位性质：战略岗位

岗位学习时数：48 小时

一、岗位的性质

（一）岗位的定位

1. 岗位地位

本岗位是大金空调（上海）有限公司的战略岗位，工作技能被定位为企业四大战略技能之一，通过设备的维修、维护改善，确保各种生产设备的正常运转，保质、保量和及时完成生产任务，在整个生产中起作重要的作用。

2. 岗位的功能

按生产设备的等级要求，严格按照设备技术规范，对设备进行定期的预防保全：在使用中设备发生故障时，严格按照故障处置流程，执行各项修理作业活动，确保生产设备安全有效工作，维护作业中有异常时要养成“停止、汇报、等待”的良好习惯。

（二）岗位前期准备

具备企业一般岗位工作能力，遵守公司各项规章制度，有较强的安全生产及品质意识，服从上级安排的各项任务。身体条件要求一般智力水平、色觉正常、味觉正常、手指手臂灵活、动作协调。

二、岗位能力要求

（一）总要求

具有较强的职业操守，能做好劳动保护、环保、安全文明生产工作，具备企业战略岗位工作能力。

（二）具体要求

1. 知识要求

掌握设备保全的基础知识，了解 DIS 空调生产设备的控制要求及动作原理，熟悉设备的工艺动作流程，掌握设备上各种电气控制元件、传感器、空压控制、变频器控制的基础理论，了解欧姆龙 PLC 的控制原理特性，掌握设备工作原理、结构及使用调整方法，了解设备日常维护方法及故障排除方法。

2. 技能要求

安全操作，正确穿戴劳防用品，会根据点检表要求正确进行设备点检并能够进行点检表的填写，会设备电气控制元件 PLC 的接线、维修，会对设备上空压控制电磁阀、气缸等调整修理，会根据故障现象排除设备上传感器的故障，并能正确安装接线，会正确设置、调整三菱变频器的参数，能进行高低速的控制接线。能掌握设备修理的方法流程。会正确使用工具进行设备维护保养，能对设备的故障进行综合原因分析，并实施修理、再发防止对策。

3. 素养要求

安全操作，爱岗敬业，团结协作，吃苦耐劳，服从安排。

三、岗位考核内容和要求

序号	项目	任务	课程内容与要求			学时
			知识目标	技能目标	素养目标	
1	设备保全基础知识	设备保全	①理解设备保全的概念及意义 ②掌握点检管理内容 ③掌握设备的保养方法	①能对设备进行正确点检 ②会对设备进行保养	①培养学生对安全产生、设备保全的重要意识 ②培养学生工作的责任心	2
		设备的保养和维修	①掌握大金品质关联的设备运行要求 ②掌握设备故障维修的定义、分类、维修方法 ③掌握设备检查的内容、方法的实施方法 ④掌握设备定期保养、设备故障的预防	①能对大金公司生产设备进行管理；能对设备故障进行分类 ②能对设备故障进行维修 ③会分析设备故障的规律	①培养学生敏锐的观察能力 ②培养学生安全意识 ③培养学生的责任心	2

续表

序号	项目	任务	课程内容与要求			学时
			知识目标	技能目标	素养目标	
2	PLC的安装与维护	认识PLC	①掌握PLC概述 ②了解PLC的发展历程和发展趋势 ③掌握PLC系统的性能	①能分析在控制领域的应用效率 ②能分辨出小型PLC和大中型PLC的应用领域的不同	①培养具有诚实、守信、吃苦耐劳的品德 ②培养勤于思考，发现问题的能力	2
		认识欧姆龙CJ1M－CPU22型PLC	①了解欧姆龙CJ1M－CPU22型PLC特点 ②理解欧姆龙CJ1M－CPU22型PLCOMORN PLC组成	①能识别欧姆龙CJ1M-CPU22型PLC ②能分辨出欧姆龙PLC不同型号的运用领域	①培养具备规范操作、安全文明生产的意识 ②养成一丝不苟的工作态度	2
		欧姆龙CJ1M-CPU22型PLC模块的组装	①掌握欧姆龙CJ1M-CPU22型PLC模块的组装方法 ②掌握欧姆龙CJ1M-CPU22型PLC模块的组装步骤	①能正确欧姆龙CJ1M-CPU22型PLC模块安装到导轨上 ②能将欧姆龙CJ1M-CPU22型PLC模块进行正确组装	①培养学生严谨的工作作风和态度 ②培养学生善于观察思考的习惯	2
		欧姆龙CJ1M-CPU22型PLC外部连接	①掌握欧姆龙CJ1M-CPU22型PLC电源的连接方法 ②掌握欧姆龙CJ1M-CPU22型PLC输入模块的连接方法 ③掌握欧姆龙CJ1M-CPU22型PLC输出模块的连接方法	①会欧姆龙CJ1M-CPU22型PLC电源的连接 ②会欧姆龙CJ1M-CPU22型PLC输入模块的连接 ③会欧姆龙CJ1M-CPU22型PLC输出模块的连接	①培养学生善于思考的能力 ②培养学生7S职业素养	4
		编写欧姆龙CJ1M-CPU22型PLC控制程序	①掌握PLC循环扫描工作方式的特点 ②掌握梯形图编程语言的编程方法 ③掌握PLC基本指令 ④掌握PLC常用应用指令	①能用基本指令编写出基本的程序 ②能用常用应用指令编写出具有计数、定时功能的控制程序	①培养学生规范操作的工作习惯 ②培养学生7S职业素养	4

续表

序号	项目	任务	课程内容与要求			学时
			知识目标	技能目标	素养目标	
3	电磁阀、气缸气压传动技术应用	空压回路的组成	①掌握空压回路的组成 ②理解空压回路的工作原理	①能写出空压部分的组成 ②能写出空压部分的作用	①培养学生的分析问题能力 ②培养学生的善于思考的能力	2
		认识电磁阀	①掌握电磁阀的种类 ②掌握电磁阀的内部结构 ③掌握电磁阀的功能	①能写出电磁阀的功能 ②能识别电磁阀	①培养学生规范操作的工作习惯 ②培养学生7S职业素养	2
		安装电磁阀	①掌握电磁阀的工作原理 ②掌握电磁阀电路安装方法 ③掌握电磁阀气路安装步骤	①会安装电磁阀电气控制电路 ②会安装电磁阀气路控制回路	①培养学生善于思考的能力 ②培养学生7S职业素养	2
		安装气压控制模拟回路	①掌握气路控制回路的安装步骤 ②掌握气压回路调节气压大小的方法	①能正确安装气压控制回路 ②能正确调节气路气压值	①培养学生善于学习和观察的能力 ②具备规范操作、安全文明生产的意识	4
		气缸维修	①掌握气缸的作用 ②理解气缸的工作原理 ③掌握气缸的维修方法	①能对气缸进行保养维护 ②能维修有气缸	①培养学生具有诚实、守信、吃苦耐劳的品德 ②具备规范操作、安全文明生产的意识	4
4	三菱变频器的应用	认识变频器	①理解变频器的功能 ②掌握变频器的硬件组成 ③掌握变频器各部分硬件电路的功能	①能写出变频器的功能 ②能写出变频器的硬件组成	①具有诚实、守信、吃苦耐劳的品德 ②提升勤于思考,及时发现问题的能力	1
		认识三菱D720S变频器	①了解三菱D720S变频器的参数 ②掌握三菱D720S变频器面板按钮的功能	①能写出三菱D720S的主要参数 ②能写出三菱D720S变频器面板按钮的功能	①养成一丝不苟的工作态度 ②具有诚实、守信、吃苦耐劳的品德	1
		安装三菱D720S变频器	①掌握三菱D720S主电路的安装方法 ②掌握三菱D720S变频器的控制电路安装方法	①能安装三菱D720S变频器的主电路 ②能安装三菱D720S变频器的辅助电路	①养成一丝不苟的工作态度 ②具有诚实、守信、吃苦耐劳的品德	2

续表

<table>
<tr><th rowspan="2">序号</th><th rowspan="2">项目</th><th rowspan="2">任务</th><th colspan="3">课程内容与要求</th><th rowspan="2">学时</th></tr>
<tr><th>知识目标</th><th>技能目标</th><th>素养目标</th></tr>
<tr><td>4</td><td>三菱变频器的应用</td><td>设置三菱D720S变频器</td><td>①掌握D720S变频器的基本设置方法
②掌握三菱D720S变频器控制三相电机转速的方法
③了解三菱D720S变频器常见故障代码</td><td>①会D720S变频器的基本设置方法
②会用三菱D720S变频器控制三相电机转速
③会三菱D720S变频器常见故障代码对应的故障</td><td>①培养学生善于思考的能力
②培养学生7S职业素养</td><td>2</td></tr>
<tr><td rowspan="5">5</td><td rowspan="5">光电开关和接近开关的应用</td><td>认识传感器</td><td>①掌握传感器的作用
②掌握传感器的分类</td><td>①能判别常用传感器的类别
②能正确选择传感器</td><td>①培养具有诚实、守信、吃苦耐劳的品德
②提升勤于思考,及时发现问题的能力</td><td>1</td></tr>
<tr><td>认识光电传感器</td><td>①掌握光电传感器的功能
②理解光电传感器的工作原理</td><td>①会写出光电传感器的功能
②会写出光电传感器的工作原理</td><td>①养成爱岗敬业和良好的团队合作意识
②具备规范操作、安全文明生产的意识</td><td>1</td></tr>
<tr><td>安装光电开关</td><td>①掌握光电开关传感器的选用方法
②掌握光电开关的安装方法</td><td>①会光电开关传感器的选用
②会安装光电开关</td><td>①培养具有诚实、守信、吃苦耐劳的品德
②具备规范操作、安全文明生产的意识</td><td>2</td></tr>
<tr><td>认识接近开关</td><td>①掌握接近开关传感器的功能
②理解接近开关传感器的工作原理</td><td>①会写接近开关传感器的功能
②会写接近开关传感器的工作原理</td><td>①具有诚实、守信、吃苦耐劳的品德
②提升勤于思考,及时发现问题的能力</td><td>2</td></tr>
<tr><td>安装接近开关</td><td>①掌握接近开关传感器的选用方法
②掌握接近开关的安装方法</td><td>①会接近开关传感器的选用
②会安装接近开关</td><td>①具有诚实、守信、吃苦耐劳的品德
②提升勤于思考,及时发现问题的能力</td><td>2</td></tr>
<tr><td colspan="2">合计学时</td><td colspan="5">48</td></tr>
</table>

四、岗位条件（硬件条件，比如电脑，等物品）

①道场实验条件：PLC 控制实验台，传感器控制工作台，空压控制模拟台，变频器控制台。

②编程用电脑、维修用工具。

五、岗位能力评价

笔试，技能操作，现场答辩。

六、其他

附件：考核评价表（参考表格）

大金空调（上海）有限公司设备保全工岗位等级考核评价表

姓名　　　　　　　　评审员　　　　　　　　等级

序号	项目	知识	考核方式	考核内容及成绩			备注
				C级成绩	B级成绩	A级成绩	
1	素养	①以积极的态度对工作，严格遵守公司各项制度	现场答辩				
		②熟知设备保全各岗位的安全操作规程并严格遵守					
		③熟知设备保全各岗位的危险发生源					
		④增强学习能力，努力提高自己的知识、技能，适应满足公司发展的需要					
		⑤对自己承担的工作要有责任感，每项工作必须确认					
		⑥日常工作中有异常时要养成“停止、汇报、等待”的良好习惯					
2	设备保全理论	①了解设备保全的定义及作用	理论考试				
		②了解设备点检的方法和内容					
		③掌握设备定期保养、设备故障的预防的					
		④掌握 PLC 发展概述					
		⑤掌握 PLC 系统的性能					
		⑥了解欧姆龙 CJ1M-CPU22 型 PLC 特点					

续表

序号	项目	知识	考核方式	考核内容及成绩			备注
				C 级成绩	B 级成绩	A 级成绩	
2	设备保全理论	⑦理解欧姆龙 CJ1M-CPU22 型 PLCOMORN PLC 组成	理论考试				
		⑧掌握欧姆龙 CJ1M-CPU22 型 PLC 模块的组装方法					
		⑨掌握欧姆龙 CJ1M-CPU22 型 PLC 电源的连接方法					
		⑩掌握欧姆龙 CJ1M-CPU22 型 PLC 输入、输出模块的连接方法					
		⑪掌握 PLC 循环扫描工作方式的特点					
		⑫掌握 PLC 基本指令、掌握 PLC 常用应用指令					
		⑬掌握梯形图编程语言的编程方法					
		⑭掌握设备空压回路的组成					
		⑮掌握电磁阀的种类；电磁阀的内部结构					
		⑯掌握电磁阀气路安装步骤					
		⑰掌握气路控制回路的安装步骤					
		⑱掌握气压回路调节气压大小的方法					
		⑲掌握气缸的作用；理解气缸的工作原理					
		⑳了解气缸密封故障排除方法					
		㉑掌握气缸的维修方法					
		㉒理解变频器的功能；掌握变频器的硬件组成					
		㉓掌握变频器各部分硬件电路的功能					
		㉔了解三菱 D720S 变频器的参数					
		㉕掌握三菱 D720S 变频器面板按钮的功能					
		㉖掌握三菱 D720S 主电路的安装方法					
		㉗掌握三菱 D720S 变频器的控制电路安装方法					
		㉘掌握 D720S 变频器的基本设置方法					
		㉙掌握三菱 D720S 变频器控制三相电机转速的方法					

续表

序号	项目	知识	考核方式	考核内容及成绩			备注
				C级成绩	B级成绩	A级成绩	
2	设备保全理论	㉚了解三菱 D720S 变频器常见故障代码	理论考试				
		㉛掌握传感器的作用；掌握传感器的分类					
		㉜掌握光电传感器的功能					
		㉝掌握光电开关传感器的选用方法					
		㉞掌握光电开关的安装方法					
		㉟掌握接近开关传感器的功能					
		㊱理解接近开关传感器的工作原理					
		㊲掌握接近开关传感器的选用方法					
		㊳掌握接近开关的安装步骤、方法					
3	设备保全技能	①能对设备进行正确的点检	现场操作				
		②会对设备的进行保养、维护					
		③能对设备故障进行维修					
		④能分辨出小型 PLC 和大中型 PLC 的应用领域的不同					
		⑤能识别欧姆龙 CJ1M-CPU22 型 PLC 型号					
		⑥能分辨出欧姆龙 PLC 不同型号的运用领域					
		⑦能正确把欧姆龙 CJ1M-PA202 型 PLC 电源模块安装到导轨上					
		⑧能将欧姆龙 CJ1M-CPU22 型 PLC 模块进行正确组装					
		⑨会欧姆龙 CJ1M-CPU22 型 PLC 电源的连接					
		⑩会欧姆龙 CJ1M-CPU22 型 PLC 输入 / 输出模块的连接					
		⑪能用基本指令编写出基本的程序					
		⑫能用常用应用指令编写出具有计数、定时功能的控制程序					
		⑬能写出空压系统各部分的组成					
		⑭能写出电磁阀的功能					

续表

序号	项目	知识	考核方式	考核内容及成绩			备注
				C级成绩	B级成绩	A级成绩	
3	设备保全技能	⑮能识别电磁阀的不同类型种类	现场操作				
		⑯会安装电磁阀电气控制电路					
		⑰会安装电磁阀气路控制回路					
		⑱能正确调节气路气压值					
		⑲会调整气缸的运动速度					
		⑳能对气缸进行保养维护					
		㉑能写出变频器的功能及硬件组成					
		㉒能写出三菱D720S变频器面板按钮的名称、功能					
		㉓能安装三菱D720S变频器的控制主电路与电机连接					
		㉔能安装三菱D720S变频器的控制电路					
		㉕会D720S变频器的基本设置方法					
		㉖会用三菱D720S变频器控制三相电机转速					
		㉗会判别三菱D720S变频器常见故障代码对应的故障					
		㉘能判别常用传感的类别					
		㉙会写出光电传感器的功能					
		㉚会写出光电传感器的工作原理					
		㉛会光电开关传感器的选用					
		㉜会安装光电开关					
		㉝会进行光电开关的控制线的接线安装					
		㉞会写接进开关传感器的功能					
		㉟会写接近开关传感器的工作原理					
		㊱会进行光电开关的控制线的接线安装					
		㊲会进行光电开关的控制线的故障排除					

注：考核内容，所在等级阴影部分不属于该级考核范围，提示A级考核范围为所有内容。考核结果分三大类：素养、保全理论和保全技能，必须三类成绩分别合格及以上才能获得相应的等级认可。员工定级必须从C级开始考核，具有C级资质才可以报考B级，具有B级资质才可以报考A级。

C级技能者能够认识电气控制系统中的按钮、继电器、接触器、电动机等产品的名称、规格，会用简单的按钮控制接线，导线的端子压接连接，会使用万用表进行电压、电阻的测量。了解PLC控制常用电源、CPU、输入、输出模块的型号及主要使用场合，PLC模块上各种指示灯的代表含义及正常与异常的区分。认识变频器，了解规格型号的含义，会电机主回路的接线。认知大金常用的光电传感器、接近传感器的样式及使用区别，看懂简单的电气原理图及控制方式，能够协助他人进行简单的修理保养作业。

B级技能者能够掌握大金生产线上的一些传动方式原理、结构。了解一些较简单的单机设备的动作流程，能够根据图纸进行光电传感器，接近传感器的接线、安装。能够看懂PLC模块上输入、输出的状态指示，会变频器的基本参数、控制模式的切换。会手动进行变频器对电机的启动、停止。看懂空压的元件，根据气动控制图进行气管连接，实现预想的功能，并能够进行调整修理。利用电气控制图结合按钮、传感器、指示灯进行PLC的接线，使PLC有输入输出回路。能够单独进行简单的故障判断、修理。

A级技能者能够熟悉大金的生产设备的控制原理、工艺流程，能够进行设备的现状把握，根据异常内容进行分析、调查故障原因，并能够找到故障点进行修复处置。通过PLC的输入、输出的状态（按钮、传感器、指示灯、继电器等），根据控制程序判断设备动作时序，发现异常内容。根据点检表进行设备的保全维护，发现不良的地方且能够记录缺陷内容。能够利用保全理论知识，会进行一些简单的回路设计并实现动作要求。对于变频器控制回路，会进行高、中、低速度及正反转的控制接线及各运行速度的设定，根据故障代码分析原因并进行处置改善。看懂一般的机械图纸，了解尺寸、公差的标注。设备中的电气、机械、空压、润滑等能够有整体的关联性说明，能够单独进行设备故障修理，能够进行分析。

岗位名称：大金空调（上海）有限公司检查岗位标准

岗位编号：TZ004

适用行业、企业：空调生产企业

岗位性质：一般技能岗位

岗位学习时数：36 学时

一、岗位的性质

（一）岗位的定位

1. 岗位地位

本岗位是大金空调（上海）有限公司的一般技能岗位，员工通过学校学习阶段初步具备空调专业知识，再经历生产组装线各岗位的锻炼实践，已经具备较高的动手能力和品质意识，在整个生产制造环节中起着最为基础的作用。

2. 岗位的功能

按生产计划，进行生产作业控制，确保各空调组装流水线生产任务完成。严格执行各项作业质量标准、生产工艺文件、设备操作规程、安全生产制度。确保流水线不良品及时发现检出、隔离，最终产品不流入市场。日常工作中有异常时要养成“停止、汇报、等待”的良好习惯。

（二）岗位前期准备

能够遵守公司各项规章制度，有较强的安全生产及品质意识，绝对服从上级安排的各项任务。

身体条件要求：具有较高智力水平、视力良好、听力良好、且有良好的语言表达能力和人际沟通能力。

二、岗位能力要求

（一）总要求

具有较强的职业操守，能做好劳动保护、环保、安全文明生产工作，具备一般技能岗位必备基础工作能力。

（二）具体要求

1. 知识要求

掌握品质基础知识，掌握空调制冷、制热基本原理；熟悉空调系统主要机能部件的工作原理，了解生产制造环节容易发生的不良现象，了解大金空调各生产线的品质控制过程环节。

2. 技能要求

正确穿戴劳防用品，遵守各项安全操作规程，安全操作，不发生危险工伤事故；

会正确使用工具、量具，并正确记录测试数值；

具备良好的识图能力，正确理解图面包含的知识点和各类要求，通过实际测量出来的数值加以判断；

能够敏锐地判断出不良品的存在，及时隔离并汇报上级领导；熟知不良品处理流程，杜绝不良品批量不良的发生；

熟练操作气密、绝缘、运转检查等检查设备，做好每日设备点检，发现设备异常及时报告；试验数据正确记录，结合生产工艺要求文件，判定试验数值是否符合公差要求。杜绝不良品流入下一道工序。

3. 素养要求

安全操作，爱岗敬业，团结协作，吃苦耐劳，服从安排。

三、岗位考核内容和要求

序号	项目	任务	课程内容与要求			学时
			知识目标	技能目标	素养目标	
1	大金图纸识别	制图基础	①掌握投影的定义 ②掌握三投影的概念 ③掌握大金图纸第三视角投影的区分	①具备空间想象力 ②能看懂图纸所包含的全部信息 ③可以根据图纸判断实物是否按图施工	提高专业知识能力，为今后的学校实践课程和工厂实习打下扎实的基础	4
		图面种类	①了解生产用途的分类 ②了解商业用途的分类 ③了解图号编制的构成方法			
		图面构成	①了解图面情报栏信息 ②了解改正情报栏信息 ③了解部品情报栏信息 ④了解品质情报栏信息			

续表

序号	项目	任务	课程内容与要求			学时
			知识目标	技能目标	素养目标	
1	大金图纸识别	图面内容解读	①了解子部品构成、番号 ②了解材质要求备注事项 ③了解标准公差和要求 ④了解设计变更内容	①具备空间想象力 ②能看懂图纸所包含的全部信息 ③可以根据图纸判断实物是否按图纸施工	提高专业知识能力，为今后的学校实践课程和工厂实习打下扎实的基础	
2	工具量具知识	量具基本知识	①了解量具的定义 ②掌握长度单位	掌握所有长度的国际单位	提高动手能力，为后续课程的学习、实践、就业打下基础	4
		常用量具介绍	了解以下量具： ①卷尺，钢直尺　②游标卡尺 ③千分尺　④角度尺	会熟练使用各类测量工具		
		常用量具精度介绍	了解不同量具可以达到的精度： ①卷尺　精度 0.5 ②游标卡尺　精度 0.02 ③千分尺　精度 0.01 ④角度尺　精度 2′	掌握各类工具的精度标准，正确选择工量具		
		常用量具使用前注意事项	①查看量具管理编号及有效期在范围 ②查看量具无损坏、变形、生锈等异常现象 ③万能角度尺等精密量具使用前须先校零	①能够正确使用各类工量具 ②具有较强的动手能力		
		常用量具的正确使用方法	①首先正确选用合适的量具 ②工件被测量表面要擦干净 ③避免粗糙表面和带毛刺 ④受到不应有的损伤 ⑤一般应反复测量几次 ⑥量具用后擦干净			
		量具的维护与保养	①定期对量具进行严格、全面的检查 ②量具要有其专门放置地点			

续表

序号	项目	任务	课程内容与要求			学时
			知识目标	技能目标	素养目标	
3	品质基础知识	品质意识	了解品质的定义： 一组固有特性满足要求的程度	①具备品质知识概念 ②熟知大金质量控制系统中的各个重要环节	培养学员初步具备品质意识能力	3
		品质特性	①了解特性可以是固有的或赋予的； ②了解固有特性与赋予特性是相对的			
		品质的4个阶段	了解产品品质可以分为： ①要求品质　②设计品质 ③制造品质　④服务品质			
		标准化文书作业管理	熟悉大金标准化文件： QS（检验标准书） MQ(制造过程管理表） SS(作业规格书） QD(质量点检表） EW(通用作业指示书） GWS(个别作业指示书)			
4	空调原理知识	空调定义	了解空调基础知识： ①空气调节 ②空调四要素	明白温度、湿度、空气质量系数的意义	提高专业知识能力，为今后的学校实践课程和工厂实习打下扎实的基础	6
		空调原理	熟知空调原理： ①空调制冷工作原理 ②空调制热工作原理 ③空调系统洁净度、干燥度、密封度、真空度	了解冷媒在制冷、制热状态下，温度压力的不同变化		
		空调部品	①空调主要机能部品（压缩机、空气热交、四通阀、节流装置） ②空调主要构成部品（马达、风扇、P板）	①能识别不同部品 ②知晓部品工作原理		
		空调组立不良案例	了解不良多岗位： ①制造不良—焊接不良 ②制造不良—组装不良（螺丝固定、插件安装、电装品安装等)	①知晓不良分类方法 ②知晓各类制造不良产生的严重后果 ③不良有3个等级		

续表

<table>
<tr><th rowspan="2">序号</th><th rowspan="2">项目</th><th rowspan="2">任务</th><th colspan="3">课程内容与要求</th><th rowspan="2">学时</th></tr>
<tr><th>知识目标</th><th>技能目标</th><th>素养目标</th></tr>
<tr><td rowspan="3">5</td><td rowspan="3">检查岗位</td><td>气密岗位</td><td>①熟悉气密检查设备的结构
②掌握气密检查设备的工作原理
③掌握气密检查设备点检要领</td><td>①会操作气密检测设备
②熟练掌握工艺文件基准参数</td><td rowspan="3">具有乐于与他人共事的团队意识，能进行良好的团队合作</td><td rowspan="3">16</td></tr>
<tr><td>绝缘耐压岗位</td><td>①熟悉绝缘耐压设备的结构
②掌握绝缘耐压设备的工作原理
③掌握绝缘耐压设备点检要领</td><td>①会操作绝缘耐压设备
②熟练掌握工艺文件基准参数</td></tr>
<tr><td>运转检查岗位</td><td>①熟悉运转检查设备的结构
②掌握运转检查设备的工作原理
③掌握运转检查设备点检要领作原理</td><td>①会操作运转检测设备
②熟练掌握工艺文件基准参数</td></tr>
<tr><td rowspan="3">6</td><td rowspan="3">不良品处理</td><td>不良品定义</td><td>了解以下内容：
①不一样的地方即为不良
②不良有部品不良和组装不良
③不良品的发现与识别</td><td>提升个人发现不良的能力，提高专业知识水平</td><td rowspan="3">①具有善于动脑、勤于思考，及时发现问题的工作习惯
②具有乐于与他人共事的团队意识，能进行良好的团队合作</td><td rowspan="3">3</td></tr>
<tr><td>不良品隔离</td><td>了解以下内容：
①不良品货架
②不良品处置表
③不良品处置流程</td><td>了解不良品处理的各个流程，增强团队协作能力</td></tr>
<tr><td>不良品分析</td><td>掌握以下内容：
①不良品数据收集
②不良品种类
③不良品原因分析
④对策实施及跟踪</td><td>能够掌握质量分析工具，解决问题点，控制不良再发</td></tr>
</table>

四、岗位条件

①品质道场：各机能部品展示台。

②各组立作业生产线。

五、岗位能力评价

笔试，技能操作，现场答辩。

六、其他

附件：考核评价表（参考表格）

大金空调（上海）有限公司检查岗位等级考核评价表

姓名　　　　　　　　评审员　　　　　　　　等级

序号	项目	知识	考核方式	考核内容及成绩			备注
				C级成绩	B级成绩	A级成绩	
1	素养	①以积极的态度对待工作，严格遵守公司各项制度	现场答辩				
		②熟知组立流水线各岗位的安全操作规程并严格遵守					
		③熟知组立流水线各岗位的危险发生源					
		④增强学习能力，努力提高自己的知识、技能，适应满足公司发展的需要					
		⑤对自己承担的工作要有责任感，每项工作必须确认					
		⑥日常工作中有异常时要养成“停止、汇报、等待”的良好习惯。					
2	品质基础理论	①了解品质的定义及特性	理论考试				
		②了解品质的4阶段分类和定义					
		③了解大金品质管理控制系统的各个环节					
		④知晓大金品质方针					
		⑤知晓上海大金组装、检查岗位劳防用品佩戴					
		⑥掌握检查岗位安全操作规程					
		⑦了解大金图纸的特点和分类					
		⑧根据特定大金图纸，解读图面包含信息内容					
		⑨掌握工具、量具的不同精度标准和使用要领					
		⑩了解空调特性和其四要素					
		⑪了解空调工作原理，能完成系统图的绘制					

续表

序号	项目	知识	考核方式	考核内容及成绩			备注
				C级成绩	B级成绩	A级成绩	
2	品质基础理论	⑫掌握DIS各类现场生产使用作业指导书	理论考试				
		⑬了解空调主要组成元器件名称					
		⑭了解空调主要组成元器件工作原理					
		⑮熟悉制造不良分类					
		⑯熟悉制造不良案例以及影响后果					
		⑰熟悉产品不良等级区分的标准					
		⑱熟悉不良品分类范畴					
		⑲熟悉不良品处理流程					
		⑳初步了解质量分析工具种类					
3	品质检查技能	①能正确穿戴劳防用品	现场操作				
		②能正确点检与自己作业相关的(气密、绝缘耐压、运转检查)设备					
		③能正确操作与自己作业相关的(气密、绝缘耐压、运转检查)设备					
		④能正确记录检查数据并判断合格品/不良品					
		⑤能及时识别、隔离不良品					
		⑥能正确分析不良品发生的原因					
		⑦熟练掌握本岗位相关作业要领、基准(工艺文件)					
		⑧对本岗位关联设备进行常见故障诊断及排除					

注：考核内容，所在等级阴影部分不属于该级考核范围，提示A级考核范围为所有内容。考核结果分三大类：素养、品质基础理论和品质检查技能，必须三类成绩分别合格及以上才能获得相应的等级认可。员工定级必须从C级开始考核，具有C级资质才可以报考B级，具有B级资质才可以报考A级。

岗位名称：大金空调（上海）有限公司产品组装岗位标准

岗位编号：TZ005

适用行业、企业：空调生产企业

岗位性质：一般技能岗位

岗位学习时数：72 学时

一、岗位的性质

（一）岗位的定位

1. 岗位地位

本岗位是大金空调（上海）有限公司的一般技能岗位，几乎贯穿空调生产的全过程，通过掌握空调生产基础技能及知识，确保各种空调生产任务的保质、保量和及时完成，在整个生产中起基础保障作用。

2. 岗位的功能

按生产计划，进行生产作业控制，确保各种空调生产任务完成。严格执行各项作业质量标准、生产工艺文件、设备操作规程、安全生产制度，确保产品质量。日常工作中有异常时要养成“停止、汇报、等待”的良好习惯。

（二）岗位前期准备

具备企业一般岗位工作能力，遵守公司各项规章制度，有较强的安全生产及品质意识，服从上级安排的各项任务。身体条件要求一般智力水平、色觉正常、味觉正常、手指手臂灵活、动作协调。

二、岗位能力要求

（一）总要求

具有较强的职业操守，能做好劳动保护、环保、安全文明生产工作，具备企业一般技能岗位工作能力。

（二）具体要求

1. 知识要求

掌握现场组装相关的基础知识，了解空调生产的工艺流程及相关操作；懂得现场安全、品质理论相关知识，熟悉现场品质文件的应用，学会角品、GWS、机种规格表等相关文件的识别；学会识别现场危险源及掌握设备点检要求。

2. 技能要求

安全操作，正确穿戴劳防用品，会正确使用气动枪、力矩枪紧固螺丝；具备螺丝紧固操作、断热材铭牌贴敷、岗位部品识别等能力；具备岗位不良产生分析判断以及解决能力；掌握扎线、U 管插入相关应用；具备岗位工具、治具操作能力；

3. 素养要求

安全操作，爱岗敬业，团结协作，吃苦耐劳，服从安排。

三、岗位考核内容和要求

序号	项目	任务	课程内容与要求			学时
			知识目标	技能目标	素养目标	
1	安全培训	规则	①了解通用安全规则 ②掌握异常应急处置 ③理解现场安全规程	①能正确穿戴劳防用品 ②能根据不同岗位工作正确穿戴劳防用品	①提高动手能力，为后续课程的学习、实践、就业打下基础 ②具有诚实守信、勤奋敬业、吃苦耐劳的品德 ③具有善于动脑、勤于思考，及时发现问题的学习习惯 ④具有乐于与他人共事的团队意识，能进行良好的团队合作 ⑤具有爱护设备和检测仪器的良好习惯	4
		案例	①了解现场安全规则的应用 ②以往安全事故造成的原因	①能对异常进行定义 ②并对异常进行及时的定义		4
		KYT	①掌握现场安全识别的能力 ②学会 KYT 的基本要求及应用	①能对现场危险源进行识别 ②学会危险源的提前处置		4
2	理论教育	品质教育	①掌握现场品质文件的应用及识别 ②学会现场品质相关的操作要求	①学会信号卡的正确发放 ②掌握 GWS、角品、机种规格表、中断卡、处置来历票的正确使用		2
		点检培训	①掌握设备点检表的应用 ②认识点检的重要性	①学会各类情况在点检表中的表达方式 ②掌握点检表的具体填写要求		2
		劳务管理	①了解劳务相关规程 ②理解月度考评制度 ③掌握各类考勤单据的填写	①学会各类考勤表格的正确填写 ②月度考评规则的具体应用		1
		素质教育	①理解职业与职业道德 ②掌握员工行为规范	①理解职业道德的定义 ②调整正确的心态 ③掌握正确的行为规范		1

续表

序号	项目	任务	课程内容与要求			学时
			知识目标	技能目标	素养目标	
3	产品组装的一般技能教育	气动螺丝枪	①什么是气动螺丝枪 ②气动螺丝枪构造 ③气动螺丝枪使用方法 ④螺丝固定不良想象 ⑤气动螺丝枪使用注意事项	①掌握耳塞的正确打结 ②掌握气动螺丝枪的正确使用 ③识别各类螺丝紧固的不良及产生的原因 ④规定时间内达成要求的紧固数量（良品数）	⑥具有安全操作的工作意识 ⑦具有一定的企业岗位工作能力	36
		力矩螺丝枪	①什么是力矩螺丝枪 ②力矩螺丝枪构造 ③力矩螺丝枪适用场所 ④力矩螺丝枪扭矩调节方式 ⑤力矩螺丝枪使用方法 ⑥接线方法 ⑦螺丝固定不良现象 ⑧力矩螺丝枪使用注意事项	①掌握力矩螺丝枪的正确使用 ②识别各类螺丝紧固的不良及产生的原因 ③规定时间内达成要求的紧固数量（良品数）		8
		扎线培训	①认识扎带 ②扎带的种类 ③现场扎带的应用 ④训练方法	①学会区分各类扎带 ②各类扎带的正确应用 ③规定时间内达成要求的紧固数量（良品数）		8
		感知培训	①触觉 1 纸张的区分 ②触觉 2 导线的区分 ③视觉 1 螺丝分类 ④视觉 2 魔方	①学会区分各类纸张、螺丝、导线的分类 ②根据 GWS 步骤进行拼转魔方		8
		U 型管插入培训	①空调热交式样认知 ②U 型管认知 ③空调基本原理 ④配列板认识 ⑤U 型管插入不良状态和正确插入方法 ⑥训练方法和不良案例	①了解空调基本原理 ②学会区分各类 U 型管 ③掌握正确的 U 管插入方法 ④规定时间内达成要求的插入数量（良品数）		6

四、岗位条件

①理论教室条件：电脑、激光笔、品质相关文件（信号卡、角品、中断卡、机种规格表、处置来历票）。

②道场训练条件：气动枪训练作业台、力矩枪训练作业台、扎线训练作业台、感知训练作业台、U型管插入训练作业台。

③组装作业生产线。

五、岗位能力评价

笔试，技能操作，现场答辩。

六、其他

附件：考核评价表（参考表格）

大金空调（上海）有限公司产品组装岗位等级考核评价表

姓名　　　　　　评审员　　　　　　　　等级

序号	项目	知识	考核方式	考核内容及成绩			备注
				C级成绩	B级成绩	A级成绩	
1	素养	①以积极的态度对待工作，严格遵守公司各项制度	现场答辩				
		②以积极的态度对待工作，严格遵守公司各项制度					
		③熟知产品组装各岗位的危险发生源					
		④增强学习能力，努力提高自己的知识、技能，适应满足公司发展的需要					
		⑤对自己承担的工作要有责任感，每项工作必须确认					
		⑥日常工作中有异常时要养成“停止、汇报、等待”的良好习惯					
2	安全理论	①了解产品组装涉及的各类工量具的作用	安全理论考试				
		②了解现场以往事故的发生原因并杜绝对策					
		③了解产品组装作业的危害及安全急救措施					
		④掌握各产品组装岗位的劳防用品的正确穿戴方法及作用					
		⑤掌握产品组装岗位一般安全操作规程					

续表

序号	项目	知识	考核方式	考核内容及成绩			备注
				C级成绩	B级成绩	A级成绩	
2	安全理论	⑥了解品质相关文件的应用	安全理论考试				
		⑦理解设备点检的重要性					
		⑧掌握设备点检表的正确使用					
		⑨掌握不良发生后的处置流程及处置来历票的正确填写					
		⑩掌握劳务相关表格的填写					
		⑪理解月度考评相关规定					
		⑫掌握KYT表格的正确填写					
		⑬理解6S的概念、要求及现场的应用					
		⑭了解空调产品组装的工艺流程简介					
		⑮理解职业道德的定义及员工的行为规范要求					
		⑯掌握产品组装作业的安全急救措施					
3	一般技能	①能正确穿戴劳防用品	实践操作				
		②能进行异常情况急救处理					
		③能正确使用气动螺丝枪并在规定时间内完成考核					
		④能正确使用力矩螺丝枪并在规定时间内完成考核					
		⑤能正确使用扎带并在规定时间内完成考核					
		⑥能正确操作U型管插入并在规定时间内完成考核					
		⑦理解并掌握感知训练的各项内容					
		⑧具备各技能岗位不良产生分析判断以及解决能力					

注：考核结果分三大类：素养、组装理论和组装技能，必须三类成绩分别合格及以上才能获得相应的等级认可。员工定级必须从C级开始考核，具有C级资质才可以报考B级，具有B级资质才可以报考A级。

2. 课程标准

重庆工商学校组织行业、企业技术骨干开展典型岗位能力分析，得出工作岗位所需的专业知识、专业技能以及职业素养，然后将知识、技能、素养转化为相应的课程，课程标准包含课程名称、课程编号、适用专业、教学时数、学分、课程性质、课程目标、课程内容与要求、实施建议等内容。结合典型工作任务分析，校企共同制定了“企业文化”“安全环境”“钎焊技术”“涂装技术”“设备保全”“品质管理”等20门课程标准，为导师实施课堂教学提供了依据。

制冷和空调设备运行与维护专业课程实施标准
“电工技术基础与技能”课程实施标准

一、课程名称：电工技术基础与技能

二、适用专业：电子技术应用（091300）

三、学时与学分：144学时，8学分

四、课程性质

本课程为中等职业学校电子技术应用专业核心课程。通过对电工常用工具、物理量、定律定则等内容的学习，让学生掌握电子技术应用专业必备的电工技术基础知识和基本技能，形成分析和解决生产生活中一般电工问题的职业能力，培养学生爱岗敬业、团结协作、规范操作等职业素养。本课程的前导课程有初中的“物理课”，后续或者同期开设的课程有“电子技术基础与技能”“电子测量技术”“电子CAD”“传感器技术及应用”“单片机技术及应用”等核心课程。是为后续学习专业方向课程奠定基础，提供学习支撑。

五、课程目标

通过本课程的学习，学生达成如下的职业素养、知识、技能目标：

（一）素养目标

①具有良好的职业道德，能自觉遵守行业法规、规范和企业规章制度；

②形成安全、环保、节能意识和规范操作意识；

③具有爱岗敬业、团结协作的职业精神；

④具有吃苦耐劳、服从安排的企业精神；

⑤养成爱护公共财产、勤俭节约的良好习惯。

（二）知识目标

①能了解电工实训室的配置及常用工具的使用方法；

②能理解常用电学物理量及其含义；

③能掌握欧姆定律，能掌握基尔霍夫定律；

④能了解电阻、电容、电感的种类、参数，掌握右手定则、左手定则；

⑤能掌握正弦交流电的三要素及旋转矢量表示法，掌握解析式、波形图、矢量图的相互转换；

⑥能理解感抗、容抗、功率因数的意义，能理解瞬时功率、有功功率、无功功率、视在功率的概念；

⑦能理解 RL、RC、RLC 串联电路的阻抗，能掌握电压三角形求解交流电路的未知量；

⑧能理解三相正弦对称电源的概念及相序的概念；

⑨能了解保护接地、保护接零的原理和方法；

⑩能掌握电气安全操作规程及要求。

（三）技能目标

①会安全用电，会操作触电的现场急救；

②会连接导线、手工拆焊电子元器件；

③会识别与检测电阻、电容及电感等元件；

④能识读简单电路图，能对电路进行分析和计算；

⑤会正确选用和使用电工仪器仪表对电路进行测量和调试；

⑥会安装家居电路；

⑦会安装简单的三相异步电动机控制电路。

六、课程内容与要求

本课程坚持立德树人的根本要求，结合中等职业学校学生学习特点，遵循职业教育人才培养规律，落实课程思政要求，有机融入思想政治教育内容，紧密联系工作实际，突出应用性和实践性，注重学生职业能力和可持续发展能力的培养，结合中高本衔接培养需要，根据国家电子技术应用专业教学标准和重庆市人才培养方案指导方案中对本课程的要求，合理设计如下学习单元（模块）和教学活动，并在素质、知识和能力等方面达到相应要求。

序号	学习单元（模块）	职业能力	课程内容与要求			建议学时
			素养	知识	技能	
1	触电防范与急救	①具有一定的安全防范观察和判断能力 ②具有触电防范与现场急救的能力	①养成遵守实训室安全用电制度及规程的习惯 ②形成时时处处安全用电与规范操作的职业意识	①能了解电工实训室操作规程 ②能了解电工实训室的电源配置 ③能了解交、直流电源 ④能了解基本电工仪器仪表及常用电工具 ⑤能了解安全电压的等级 ⑥能了解人体触电的常见类型及原因 ⑦能了解防止触电的常见保护措施 ⑧能了解触电的现场处理方法 ⑨了解电气火灾的防范及扑救常识，能正确选择处理方法	①会开启和关闭实训设备电源 ②会使用试电笔验电 ③会采取措施防止触电 ④会进行触电现场的正确处理与急救 ⑤能采取措施预防电气火灾，会正确使用常见灭火器	10
2	直流电路的安装与检测	①具有一定的学习理解能力	①具备正确使用和爱护仪器仪表行为习惯 ②具备良好的人际沟通能力、分工协作的团队精神	①能了解电路的基本物理量 ②能掌握欧姆定律进行简单电路的计算 ③能了解电阻定律 ④能理解简单的电阻串并联电路	①会识别与检测常用电阻元件 ②会使用万用表正确测量电阻的阻值	38

续表

序号	学习单元（模块）	职业能力	课程内容与要求			建议学时
			素养	知识	技能	
2	直流电路的安装与检测	②具有一定的观察能力和计算能力 ③具有安装电路的能力	③养成文明操作、安全用电的习惯 ④养成善于思考、动手操作的行为习惯	⑤能掌握万用表的使用方法及使用的注意事项 ⑥能了解电阻的种类、参数及作用 ⑦能了解手工焊接的步骤与注意事项 ⑧能理解基尔霍夫电流、电压定律 ⑨能掌握基尔霍夫电流定律计算复杂直流电路的电流 ⑩能掌握基尔霍夫电压定律计算复杂直流电路的电压	③会使用万用表测量直流电压和电流 ④会操作手工焊接 ⑤会安装、检测简单无源直流电路 ⑥会安装有源直流电路 ⑦会检测有源直流电路	38
3	家居电路的安装	①具有一定的学习理解能力 ②具有一定的推理能力和计算能力 ③具有安装、检修电路的能力	①养成安全用电、正确规范操作使用电工工具的习惯 ②具备获取信息、学习新知识的能力 ③具备电路安装与检测的规范操作意识 ④具备将生活与知识相结合的领悟和理解能力	①能了解常用电工工具的使用方法及注意事项 ②能理解单相正弦交流电的表示方法和三要素 ③能理解纯电阻、纯电容、纯电感电路的基本概念 ④能理解纯电阻、纯电容、纯电感电路的电压、电流数量关系和相位关系 ⑤能理解感抗、容抗、阻抗和有功、无功功率的概念 ⑥能了解日光灯电路的组成和工作原理 ⑦能了解钳形表的使用方法及其注意事项 ⑧能了解家装电器安装规范 ⑨能了解家装电器布局和材料计划基本要求 ⑩能了解典型家居电路安装、检修的步骤与注意事项	①会使用常用电工工具 ②会使用交流电源，并能测量交流电路的电压和电流 ③会操作导线的“一”形连接和“T”形的连接 ④会识别日光灯电路 ⑤会操作典型家居电路定位布局、材料估算、安装、检修	48

续表

序号	项目	任务	课程内容与要求			建议学时
			知识目标	技能目标	素养目标	
4	三相交流异步电动机简单控制电路的安装	①具有一定的学习理解能力 ②具有一定的推理能力和计算能力 ③具有安装、检修电路的能力	①具备能规范安全操作用电设备的安全意识 ②形成时时处处安全用电与规范操作的职业意识 ③具备区分交、直流电的安全用电意识 ④养成正确使用和爱护工具和设施设备的行为习惯 ⑤具备良好的人际沟通能力、团队合作精神	①能了解三相正弦对称电源的概念，理解相序的概念 ②能了解电源星形联结的特点，能绘制其电压矢量图 ③能了解我国电力系统的供电制 ④能了解保护接地的原理 ⑤能了解保护接零的方法及其应用 ⑥能掌握兆欧表的使用方法及其注意事项 ⑦能了解三相异步电动机的结构 ⑧能理解三相异步电动机直接起动、Y-△降压起动，正反转控制电路原理	①会操作检测三相交流电线电压、电相电压 ②会使用钳形表检测线电流、中线电流 ③会判断三相异步电动机的首尾端 ④会使用兆欧表检测绝缘电阻 ⑤会操作安装三相异步电动机直接起动、Y-△降压起动，正反转控制电路	44
机动						4
合计						144

七、课程实施

（一）教学要求

通过理论知识学习、基础技能训练和综合应用实践，培养中等职业学校学生符合时代要求的信息素养和适应职业发展需要的信息能力。将思想政治教育融入教学，针对不同生源结构，采用项目教学、案例教学、情境教学、模块化教学等教学方式，运用启发式、探究式、讨论式、参与式等教学方法，推动课堂教学改革。建议使用翻转课堂、混合式教学、理实一体教学等教学模式，加强大数据、人工智能、虚拟现实等现代信息技术在教育教学中的应用。

（二）学业水平评价

根据培养目标和培养规格要求，评价采用多元评价方式。坚持结果评价和过程评价相结合，定量评价和定性评价相结合，教师评价和学生自评、互评相结合，学校评价与行业、企业评价相结合，注重对学生的自学能力、动手能力、解决问题能力、创新意识、质量意识、实施标准意识、安全意识、节约环保意识的评价导向。使考核与评价有利于激发学生的学习热情，促进学生的发展。其中过程评价占 60%，结果评价占 40%。

（三）教学师资

担任本课程的专任教师应具有中等职业学校及以上教师资格证书，取得电工电子类专业本科及以上学历，或具有相关专业 5 年以上教学经验并具有本专业三级及其以上职业资格证书或相应技术职称；也可聘用有实践经验的行业专家、企业工程技术人员和社会能工巧匠等担任兼职教师。

（四）教材选用及教学资源开发与使用

按国家和地方教育行政部门规定的程序与办法选用教材。选用体现新技术、新工艺、新规范等内容的高质量教材，引入典型生产案例，也可探索开发活页式、讲义式教材做必要的补充。合理开发和使用音视频资源、教学课件、虚拟仿真软件、网络课程等信息化教学资源库，满足教学需求，提升学习效果。

（五）教学实习与实训

1. 校内实训场地

学校应按照生源 40：1 配备电工技能实训室。

2. 校内实训设施设备

电工技能实训室应配有多媒体教学设备、电工实训工作台、电工实训耗材。工作台主要包含有：电工实习板、常用电工工具、测量仪表等。实训耗材主要包含有：线槽、线管、各种照明电器、各种低压电器等。

3. 校外实习条件

校外实习基地应是具有独立法人资格、依法经营、规范管理、有维修电工等岗位的企业。

八、编写依据

本课程实施标准依据教育部电子技术应用专业教学实施标准、重庆市中等职业学校电子技术应用专业人才培养指导方案、维修电工（4级）职业资格实施标准，结合行业企业岗位典型工作任务及职业能力要求制定。适用于中等职业学校电工电子类专业。根据新技术发展和教学技术更新需要在三到五年组织相关人员进行修订。

“电子技术基础与技能”课程实施标准

一、课程名称：电子技术基础与技能

二、适用专业：电子技术应用（091300）

三、学时与学分：180 学时，10 学分

四、课程性质

本课程是中等职业学校电子技术应用专业的核心课程。通过本课程模拟电子技术、数字电子技术的基本概念、基本理论、基本工作原理的学习和实践操作，使学生掌握电子技术的一般分析方法和基础技能，形成具备电子电路综合分析和应用能力，培养学生爱岗敬业、团结协作、规范操作等职业素养。本课程的前导课程有“电工基础与技能”，后续课程有“电子 CAD”“单片机技术及应用”等专业核心课程。是为后续学习专业方向课程奠定基础，提供学习支撑。

五、课程目标

通过本课程的学习，学生达成如下的职业素养、知识、技能目标：

（一）素养目标

①具有诚实守信、吃苦耐劳的良好品德；

②具备安全、环保、节能意识和规范操作意识；

③养成善于动脑、勤于思考，及时发现、尽力解决问题的学习习惯；

④具有良好的人际沟通能力，具有分工、协作、共享的团队合作精神；

⑤养成爱护设备和检测仪器的良好习惯。

（二）知识目标

①能了解电子元器件的结构、性能、参数、工作特点；能识别、检测、判断常用电子元器件的好坏；

②能理解电子线路单元电路的工作原理，能掌握具体的电子电路工作过程及应用范围、作用；

③能理解常见电子电路的装配工艺、过程；能理解常见电子电路的检测方法。

（三）技能目标

①会识别常用电子元器件；会使用相关工具选择、识别、判断电子元器件；

②会使用万用表等常用电子仪器仪表来检测、调试电子电路；

③会识别常用电子电路及典型电路的原理图；

④会识别集成电路基本原理；

⑤会使用电子元器件手册，会撰写实验、实训技术报告；

⑥会识别常见模拟电路和数字电路；

⑦会使用常用工具测试电路性能及排除简单故障；

⑧会使用工具组装和调试电子电路。

六、课程内容与要求

本课程坚持立德树人的根本要求，结合中等职业学校学生的学习特点，遵循职业教育人才培养规律，落实课程思政要求，有机融入思想政治教育内容，紧密联系工作实际，突出应用性和实践性，注重学生职业能力和可持续发展能力的培养，结合中高本衔接培养需要，根据国家电子技术应用专业教学标准和重庆市人才培养方案指导方案中对本课程的要求，合理设计如下学习单元（模块）和教学活动，并在素质、知识和能力等方面达到相应要求。

序号	学习单元（模块）	职业能力	课程内容与要求			建议学时
			素养	知识	技能	
1	晶体管及应用	①能熟练检测、选用和使用二极管、三极管和场效应管 ②能装配和调试三极管基本放大电路 ③能调试放大电路的静态工作点	①具有吃苦耐劳的精神、耐心细致的态度 ②具有善于动脑、勤于思考，及时发现、尽力解决问题的学习习惯 ③具有安全规范操作的良好习惯	①能了解二极管的基本结构、伏安特性及主要参数 ②能理解二极管的单向导电性 ③能了解稳压、光电、发光等特殊二极管的工作原理及应用 ④能掌握二极管整流电路的基本原理及电路构成完成工作任务 ⑤能理解三极管电流放大原理 ⑥能掌握基本交流放大电路；分压式偏置放大电路、阻容耦合放大电路、共集电极放大电路、功率放大电路的结构特点及工作原理 ⑦能了解反馈的类型，能了解负反馈对放大器性能的影响	①会使用万用表判断二极管的好坏和极性 ②会识别常用二极管。会使用常见二极管应用于电路中 ③会识别电阻、电容、电感及电路相关器件的性能及作用、电路相关元件的参数 ④会熟练使用万用表判别三极管的类型、三极管的质量、正确选用三极管 ⑤会熟练利用相关工具装配基本的放大电路	46
2	常用放大器及应用	①能装配调谐放大电路、振荡电路和功率放大电路 ②会分析、应用差分放大电路 ③会应用基础运算放大器构成相应功能电路	①具有吃苦耐劳的精神、耐心细致的态度 ②具有善于动脑、勤于思考，及时发现、尽力解决问题的学习习惯 ③具有爱护设备和检测仪器的良好习惯。具有安全操作的工作意识	①能了解调谐放大器的构成及工作原理 ②能了解振荡的基本概念、电路构成、工作原理 ③能了解直流放大器存在的两个特殊问题 ④能理解差动放大器的工作原理 ⑤能了解功率放大器的基本类型，工作原理 ⑥能了解集成运算放大器的基本参数，虚短、虚断的概念 ⑦能理解集成运算放大器输出电压	①会制作基本的调谐放大器电路 ②会使用相关工具装配常见的振荡电路 ③会使用相关工具制作基本的功率放大器（分离元件、集成电路）	36

续表

序号	学习单元（模块）	职业能力	课程内容与要求			建议学时
			素养	知识	技能	
3	直流稳压电源	①会运用工具装配、调试分立元件稳压电源电路 ②会应用集成稳压电源 ③能装配、调试开关稳压电源电路	①具有分工合作的团队精神 ②具有爱护设备和检测仪器的良好习惯 ③具有安全操作的工作意识	①能了解整流电路及滤波电路的基本原理 ②能理解直流稳压电源的基本组成构成直流稳压电路 ③能了解常用集成稳压电源的类型 ④能分析集成稳压电源常见故障产生的原因 ⑤能了解集成稳压电源，能了解开关电源的电路组成及工作原理	①会使用相关工具调整直流稳压电源、诊断直流稳压电源的常见故障 ②会使用相关工具维修集成稳压电源常见故障 ③会制作简单的开关电源电路 ④会使用相关工具维修简单故障	20
4	信号调制与接收	①能运用工具装配、调试超外差收音机 ②能运用收音机工作原理维修收音机简单故障	①养成良好的职业道德 ②具有良好的学习能力 ③具备良好的人际沟通能力，团队合作精神	①能了解无线电基础知识 ②能理解调幅与检波、调频与鉴频的含义 ③能理解调幅与检波、调频与鉴频的区别 ④能了解超外差收音机的组成、工作原理 ⑤能完成简单收音机的组装与调试	①会使用相关工具装配、调试超外差收音机 ②会使用相关工具维修超外差收音机简单故障	6
5	数字电路基础	①会应用常用逻辑门电路、施密特触发器、555定时器 ②会利用相关工具装配单稳态触发器 ③会应用555定时器制作实用电路 ④会使用D/A转换器和A/D转换器	①养成善于动脑、勤于思考，及时发现、尽力解决问题的学习习惯 ②具有良好的团队合作精神	①能了解模拟信号和数字信号 ②能了解不同数制之间的转换关系 ③能掌握“与”“或”“非”三种基本逻辑门电路及应用电路 ④能了解单稳态触发器、施密特触发器的概念 ⑤能理解555定时器的工作原理及典型应用电路 ⑥能应用555定时器构成单稳态触发器、施密特触发器 ⑦能了解D/A转换和A/D转换的概念 ⑧能了解D/A转换器和A/D转换器的电路工作原理及应用	①会操作常用逻辑门电路 ②会使用相关工具装配单稳态触发器 ③会使用施密特触发器、555定时器 ④会使用555定时器制作实用电路 ⑤会使用D/A转换器 ⑥会使用A/D转换器	28

续表

序号	项目	任务	课程内容与要求			建议学时
			知识目标	技能目标	素养目标	
6	逻辑电路	①能设计、应用简单组合逻辑电路 ②会应用编码器、译码器和显示电路构成相应功能电路 ③会应用RS触发器、JK触发器、D触发器	①具备良好的学习能力，具备创新意识 ②具备安全、环保、质量、规范操作的意识	①能理解组合逻辑电路分析的方法分析组合逻辑电路的功能 ②能根据要求设计简单的组合逻辑电路 ③能了解编码器、译码器、显示电路的电路组成及工作原理 ④能掌握触发器的逻辑符号、逻辑功能 ⑤能了解集成触发器及集成触发器逻辑功能的测试方法 ⑥能理解寄存器、计数器的功能及工作原理	①会使用相关工具装配、使用基本逻辑门电路 ②会使用组合逻辑电路、编码器、译码器和显示电路 ③会使用相关工具装配RS触发器 ④会使用JK触发器、D触发器完成相关电路功能，会使用时钟控制触发器、寄存器、计数器组成相关功能电路 ⑤能借助手册合理选用集成触发器	40
机动						4
合计						180

七、课程实施

（一）教学要求

①以服务学生未来发展为宗旨，重视学生综合素质和职业能力的培养，以适应电子技术快速发展带来的职业岗位变化，为学生的可持续发展奠定基础。为适应不同专业方向及学生需求的多样性，可对选用“项目引领、任务驱动”“理实一体化”相结合的教学模式，在实际教学中体现课程内容的选择性和教学要求的差异性。同时应融入对学生职业道德和职业意识的培养。

②坚持“做中学、学中做、做中教”，积极探索理论和实践相结合的教学模

式，使电子技术基本理论的学习、基本技能的训练与生产生活中的实际应用相结合。使学生通过学习过程的体验或典型电子产品的制作等，提高学习兴趣，激发学习动力，掌握相应的知识和技能。

（二）学业水平评价

考核与评价要坚持结果评价和过程评价相结合，定量评价和定性评价相结合，教师评价和学生自评、互评相结合，学校评价与企业、行业评价相结合；使考核与评价有利于激发学生的学习热情，促进学生的发展。考核与评价要根据本课程的特点，改革单一考核方式，不仅关注学生对知识的理解、技能的掌握和行业能力的提高，还要重视规范操作、安全文明生产等职业素质的形成，以及节约能源、节省原材料、爱护工具设备、保护环境等意识与观念的树立。

为了考核学生综合能力，加强过程考核，本课程采取平时考核（10%）+ 实验性技能训练考核（20%）+ 单元阶段性考核（20%）+ 综合性考核（50%）方式。

（三）教学师资

①从事本课程教学的专任教师，应具备以下能力和资质：

a. 具备中等职业学校教师资格；

b. 具有初级以上专业技术职称；

c. 具有相关专业高级以上职业资格证书；

d. 从事相关教学工作 3 年以上。

②聘用有实践经验的行业专家、企业工程技术人员和社会能工巧匠等担任兼职教师，应具备以下资质：

a. 具有初级以上专业技术职称；

b. 从事相关教学工作 2 年以上；

c. 具有相关专业高级以上职业资格证书。

③本课程师资队伍由专兼职教师共同组成。课程中 30% 以上的教学任务由兼职教师承担。

（四）教材选用及教学资源开发与使用

根据本专业教学特点及专业人才培养方案和本课程实施标准，开发教材。教材开发的建议为：

①组织开发专业主干课程系列教材，以更好地实现专业人才培养目标；

②开发教材的主编和主审，须是直接参与人才培养方案和课程实施标准制订的骨干教师；

③教材结构和内容须符合人才培养方案和课程实施标准提出的要求，讲究“实在”“实效”，编排时要符合三年制中等职业学校教学的特点和要求；

④选取的内容应将企业的实际应用和学校的实际有机结合，由浅入深，由简到繁，循序渐进，符合学生的学习基础和认知规律的原则；

⑤教材编写应充分体现课改精神，理论知识和实践操作有机结合，内容的选择力求明确，可操作性强，便于贯彻“做中学、学中做、做中教”的理念；教材应将本专业职业活动，分解成若干典型的工作项目，按完成工作任务需要和岗位操作规程，结合职业技能证书考证组织教材内容，引入必需的专业知识，增加实践内容，强调理论在实践过程中的应用。

⑥教材语言平实、图文并茂，便于学生自主学习。注重新技术、新知识、新工艺、新方法的介绍，教材表达必须精炼、准确、科学，适度关注学生的可持续发展，为学有余力的学生留下进一步拓展知识能力的内容和空间。

（五）教学实习与实训

1. 校内实训场地：

电子技术实训中心

2. 校内实训设施设备

（1）多媒体教学设备

（2）能进行“讲”和“做”的一体化教学环境

（3）电子技术实训台

（4）手工焊接材料和工具套件

（5）电子测量仪器仪表

3. 校外实习条件：

具有独立法人资格、依法经营、规范管理以及生产经营电子产品类的企业。

八、编写依据

本课程依据国家专业目录、专业教学标准、顶岗实习标准、教学条件建设标准，教育部电子技术应用专业教学实施标准、电子产品装接工职业资格实施标准，结合行业企业岗位典型工作任务及职业能力要求制定。适用于中等职业学校电工电子类专业。

根据新技术发展和教学技术更新需要在三到五年组织相关人员进行修订。

“电子测量技术”课程实施标准

一、课程名称：电子测量技术

二、适用专业：电子技术应用（091300）

三、学时与学分：72 学时，4 学分

四、课程性质

本课程是中等职业学校电子技术应用专业的核心课程，是一门实践性较强的课程，是本专业学生必修的专业基础技术课程。通过本课程的学习和实践操作，使学生掌握电子测量技术的基础知识、一般分析方法和基础技能，为深入学习本专业有关后继课程和从事相关电子测量技术方面的实际工作打下基础。本课程的前修课程为“电工技术基础与技能”“电子技术基础与技能”，同期和后续课程为“电子CAD”“传感器技术及应用”“单片机技术及应用”“电子产品装配及工艺”等。考虑到课程的基础性和应用性，一方面要求学生对仪器基本结构、基本工作原理要有所了解，更重要的要加强对学生综合分析和应用能力的培养。

五、课程目标

通过本课程的学习，学生达成如下的职业素养、知识、技能目标：

（一）素养目标

①养成安全、环保、节能和规范操作意识；

②具有良好的人际沟通能力、团队合作精神；

③具有主动学习、自我发展的能力、具有开拓创新的能力；

④具有信息收集与处理能力；

⑤具有综合分析、解决实际问题的能力；

⑥养成规范操作和爱护设备设施的良好习惯。

（二）知识目标

①能了解测量的原理、方法和误差；

②能理解常见电子测量仪器仪表种类和工作原理；

③能掌握常见电子测量仪器仪表的使用方法及注意事项。

（三）技能目标

①会识别常见的电子测量仪器仪表；

②会操作常见的电子测量仪器仪表；

③会使用常见电子测量仪器仪表进行电参数的测量；

④会制订先进、合理的测量和测试方案；

⑤会正确选用电子测量仪器仪表；

⑥会正确分析、处理测量数据；

⑦会维护电子仪器仪表。

六、课程内容与要求

序号	学习单元（模块）	职业能力	课程内容与要求			建议学时
			素养	知识	技能	
1	测量常用电子元件参数	①能使用机械万用表测量电子元件参数及基本电量 ②能使用数字万用表测量电子元件参数及基本电量	①养成安全文明、规范操作的习惯 ②具备严谨负责、细致耐心的职业道德	①能了解测量误差的来源及处理方法 ②能了解机械万用表、数字万用表结构、功能 ③能理解机械万用表、数字万用表使用方法和选用原则	①会使用机械万用表、数字万用表测量电子元件参数 ②会使用机械万用表、数字万用表测量基本电量 ③会对测量数据进行分析和处理	12

续表

序号	学习单元（模块）	职业能力	课程内容与要求			建议学时
			素养	知识	技能	
2	测量电路性能	1. 能测量电信号性能 ①会使用毫伏表测量电信号 ②会使用低频信号发生器、函数信号发生器提供电信号 ③会使用模拟示波器和数字示波器测量电信号特性	①具有信息收集与处理能力 ②具有综合分析、解决实际问题的能力 ③具备安全、规范操作的意识	①能了解毫伏表、低频信号发生器、函数信号发生器、模拟示波器、数字示波器的结构和功能 ②能理解毫伏表、低频信号发生器、函数信号发生器、模拟示波器、数字示波器的使用方法和选用原则	①会使用毫伏表测量电信号 ②会使用低频信号发生器、函数信号发生器提供电信号 ③会使用模拟示波器和数字示波器测量电信号特性 ④会对测量数据进行分析和处理	16
		2. 测量低频电路性能指标 ①会使用频率计测量信号频率和周期。 ②会使用晶体管特性仪测量晶体管特性曲线。 ③会使用频谱分析仪测量电信号性能指标。	①具有规范操作、安全文明的意识 ②具有善于发现、创新的能力 ③具有团队协作的精神	①能了解频率计、晶体管特性仪、频谱分析仪的结构和功能 ②能理解频率计、晶体管特性仪、频谱分析仪的使用方法和选用原则	①会使用晶体管特性仪测量元件参数及性能 ②会使用频率计、频谱分析仪测量低频电路性能指标 ③会对测量数据进行分析和处理	14
		3. 测量高频电路性能 ①会使用扫频仪测量电路性能指标 ②会使用频谱分析仪分析高通滤波器输出的电信号	①具有规范操作、安全文明的意识 ②具有严谨负责、细致耐心的工作态度 ③具有团队协作的精神	①能了解扫频仪、频谱分析仪的结构和功能 ②能理解扫频仪、频谱分析仪的选用原则和使用方法	①会使用扫频仪测量高频电路的相关性能指标 ②会使用频谱分析仪测量高频电路的相关性能指标 ③会对测量数据进行分析和处理	14

续表

序号	项目	任务	课程内容与要求			建议学时
			知识目标	技能目标	素养目标	
3	综合测量	会测量运放电路中的电信号特性	①具有规范操作、安全文明的意识 ②养成诚实守信、吃苦耐劳的品德 ③具有团队合作的精神 ④具有爱岗敬业的职业道德	①能了解电路的组成 ②能理解电路的工作原理	①会根据测量需要选择测量仪器(例如万用表、毫伏表、低频信号发生器、函数信号发生器、模拟示波器、数字示波器等) ②会对测量数据进行分析和处理	8
机动						8
合计						72

七、课程实施

(一)教学要求

教学中以培养技能型人才为主，注重学生的动手能力培养，专业理论以“够用、实用”为度，采取项目教学法、案例教学法等灵活多样的教学方法，组织学生讨论、指导分析与实践等。培养学生发现问题、分析问题、解决问题的能力和创新意识。在教学中注重以真实任务激发学生的学习热情，以实际的工作过程调动学生兴趣，做到教学过程与工作过程一体化、知识学习与技能训练一体化。充分利用校内外实训基地，提高学生实际操作技能。

(二)学业水平评价

①改革传统的学生评价手段和方法，采用阶段评价，综合评价，考核鉴定三级评价的模式。

②关注评价的多元性，该课程教学评价应兼顾素养、知识、技能等多个方面，评价方法应采用多元评价方式，如观察、口试、笔试与实践等进行综合评价，教师

可按单元模块的内容和性质，针对学生的职业素质、岗位风貌、主动学习、独立分析、客观判断、小组合作情况、任务分析书、训练过程、成果演示、技能竞赛及考核鉴定情况等进行综合评价。

③应兼顾认知水平，考虑其自身提高和进步程度。对在学习和应用上有创新的学生应予特别鼓励，对于学习强的学生可增加教学项目或提高项目完成进度，使其潜能获得充分发挥。对未通过评价的学生，教师应分析、诊断其原因，并适时实施补救教学，甚至有针对性地变通教学手段，如可对其慢慢引导，适当放缓进度要求。

（三）教学师资

担任本课程的专任教师应具有中等职业学校及以上教师资格证书，具有中级以上专业技术职称，具有相关专业高级以上职业资格证书，从事相关教学工作3年以上，具备“双师”素质及良好的师德，同时，聘用有实践经验的行业专家、企业工程技术人员和社会能工巧匠等担任兼职教师。本课程师资队伍由专兼职教师共同组成。课程中30%以上的教学任务由兼职教师承担。

（四）教材选用及教学资源开发与使用

①教材应以本课程实施标准为依据，教材要体现先进性、通用性、实用性，反映新技术、新工艺，体现地区产业特点；必须与相关职业资格实施标准相结合，突出课程内容的职业指向性，突出课程内容的时代性和前瞻性。

②教材编写建议按照基于工作过程导向的项目任务构架进行编写，图文并茂，纸质与电子的多种形式并存。

③教材编写人员应具备丰富的教学与生产实践经验，同时，应有企业工程技术人员参与。

④教材前言应该介绍编写的思路与特色、内容及编写人员、课时分配等内容。

⑤为满足课程教学质量要求，应有丰富的课程资源。建立诸如PPT、仿真、图片、实物等多媒体课程资源的数据库。有利于创设形象生动的工作情景，激发学生的学习兴趣，促进学生对知识的理解和掌握。

⑥充分利用诸如《电子测量技术》相关视频教程、数字图书馆、电子论坛、数字资源平台、周刊、杂志等各种信息资源，使教学从单一媒体向多种媒体转变；使

学生从单独的学习向工作学习转变。

⑦产学合作开发实验实训课程资源，充分利用本行业典型的生产企业的资源，进行产学合作，建立实习实训基地，实践“工学”交替，满足学生的实习实训，同时为学生的就业创造机会。

（五）教学实习与实训

主要仪器设备名称	单位	数量	主要功能
指针式万用表	台	25	测量电路参数
数字万用表	台	25	各类电路测量
毫伏表	台	25	测量功率放大器的输入信号和输出信号
频率计	台	25	检测电信号的频率与周期
信号发生器	台	25	用于固定函数波形的产生
示波器	台	25	交流电波形观察测量
投影仪	台	1	教师教学展示用
计算机	台	1	教师教学展示用

八、编写依据

①严格依据本课程实施标准编写或选用教材，并以电子电器初、中级维修工以及电子元器件测量有关行业国家职业实施标准为依据来设计。

②教材思想：应充分体现任务驱动、实践导向课程的设计思想。

③教材内容：应充分体现电子元器件的测量要求，内容由简而繁、图文并茂、生动形象，教材要体现通用性、实用性、易用性、先进性。并注意突出应用、突出测量仪器操作技能及突出新技术，典型产品与流行产品。

④教材特点：根据教育部“电子测量技术”课程教学大纲的要求，以课程项目为主线、以工作任务为平台、以职业能力为要点、以技能训练为重点、突显项目任务，体现项目与任务结合，知识与技能结合，内容与岗位结合，强调工作过程的实践性教材。

“电子 CAD”课程实施标准

一、课程名称：电子 CAD

二、适用专业：电子技术应用（091300）

三、学时与学分：72 学时，4 学分

四、课程性质

本课程为中等职业学校电子技术能应用专业的一门专业核心课程。通过利用电子 CAD（计算机辅助设计软件）绘制原理图、设计 PCB（印制电路板）、仿真电路等内容的学习，形成熟练运用电子 CAD 绘制原理图及设计 PCB 的职业能力，培养学生一丝不苟的工作态度、爱岗敬业和良好的团队合作精神的职业素养，为学习后续课程打下基础。本课程前导课程有“计算机应用基础”“电工技术基础与技能”“电子技术基础与技能”，其后续课程有“电子产品装配及工艺”“表面贴装技术”“电子产品检验技术”等，为学习核心课程、专业方向课程奠定基础，提供支撑。

五、课程目标

通过本课程的学习，学生达成如下的职业素养、知识、技能目标。

（一）素养目标

①具有规范操作、安全文明生产的意识；

②具有一丝不苟的工作态度；

③具有诚实、守信、吃苦耐劳的精神；

④具有提升勤于思考，及时发现问题的能力的意识；

⑤具有爱岗敬业和良好的团队合作精神。

（二）知识目标

①能了解电子 CAD 的基本概念；

②能理解电子 CAD 作用及运行环境；

③能理解各电路原理图及 PCB 图；

④能了解电子 CAD 的设计过程；

⑤能了解常用文件的扩展名、默认文件名；

⑥能理解常用元器件的元件名及所属元件库；

⑦能应用 PCB 设计的操作流程和方法；

⑧能理解元器件库；

⑨能了解电路仿真。

（三）技能目标

①会安装与卸载计算机辅助设计软件；

②会绘制电路原理图；

③会设计层次化原理图；

④会制作原理图元件和创建元件库；

⑤会制作元件封装和创建元件封装库；

⑥会设计 PCB 图；

⑦会进行电路仿真。

六、课程内容与要求

本课程坚持立德树人的根本要求，结合中等职业学校学生学习特点，遵循职业教育人才培养规律，落实课程思政要求，有机融入思想政治教育内容，紧密联系工作实际，突出应用性和实践性，注重学生职业能力和可持续发展能力的培养，结合中高本衔接培养需要，根据国家电子技术能应用专业教学标准和重庆市人才培养方案指导方案中对本课程的要求，合理设计如下学习单元（模块）和教学活动，并在素质、知识和能力等方面达到相应要求。

序号	学习单元（模块）	职业能力	课程内容与要求			建议学时
			素养	知识	技能	
1	绘制电路原理图	能绘制基本的电路原理图	①具有遵守实训室管理制度的习惯 ②具有服从小组分工安排、团队合作意识	①能了解电子CAD发展史及特点 ②能掌握计算机辅助设计软件安装、绘制电路原理图、绘制新元器件、编译原理图、绘制层次原理图、生成各种报表的步骤	①会创建、保存电路原理图文件操作 ②会设置图纸 ③会安装和卸载元件库操作 ④会放置元件和布局操作 ⑤会修改元件参数操作 ⑥会操作原理图布线、编译和修正 ⑦会操作元器件封装 ⑧会操作绘制层次原理图、生成各种报表	28
2	设计PCB	能完成简单电路的PCB设计	①具有规范操作、安全文明生产的意识 ②具有勤于思考，及时发现、尽力处理问题的意识 ③具有一丝不苟的工作态度	①能了解印制电路板的构成 ②能了解网络表的导入方法 ③能掌握设计新元器件封装的方法 ④能掌握元器件布局方法 ⑤能了解PCB规则参数 ⑥能掌握PCB布线的方法 ⑦能掌握PCB板层设置 ⑧能了解PCB输出的方法	①会操作创建、保存PCB文件 ②会操作PCB环境设置 ③会绘制新元器件封装 ④会操作元器件布局 ⑤会操作网络表 ⑥会操作布线	24

续表

序号	学习单元（模块）	职业能力	课程内容与要求			建议学时
			素养	知识	技能	
3	电路仿真	能对电路进行仿真与测试	①具有诚实、守信、吃苦耐劳的精神 ②具有爱岗敬业和良好的团队合作意识	①能掌握仿真原理图的绘制 ②能掌握电源及信号源放置方法 ③能了解电源及信号源参数设置 ④能掌握仿真常规参数设置 ⑤能了解特殊仿真元件参数设置 ⑥能掌握运行仿真的方法 ⑦能掌握仿真方式具体参数设置 ⑧能了解仿真结果输出	①会操作绘制仿真原理图 ②会操作电路仿真电源及信号源 ③会设置元件仿真参数 ④会操作运行各种仿真 ⑤会操作仿真软件具体参数设置 ⑥会阅读仿真结果	14
机动（含复习考试）						6
合计						72

七、课程实施

（一）教学要求

①教学应立足于培养学生实际动手绘图能力，采用讲授法、讨论法、演示法、参观法、练习法、项目教学法、任务驱动教学法等，开展理实一体教学，“做中学”“学中做”，激发学习兴趣，实现有效学习。

②在具体任务实施过程中由于该课程理论知识和操作技能联系紧密，可用理实一体化的教学法提高学生的认识度，参与度，手脑并用提高效率。

③在每个活动的实施过程中可采用五环四步法等，提高学生的学习兴趣，形成有效的教学法，提高学生的学习兴趣、学习技能、综合能力。

（二）学业水平评价

①改革传统的评价手段和方法，采用每完成一个任务就进行阶段评价，每完成一个项目就目标评价，注重过程性评价的重要性。

②关注评价的多元性，结合课堂提问、学生作业、任务训练情况、技能过手情况、任务阶段测验、项目目标考核、作为平时成绩，占总成绩的 70%；理论考试和实际操作作为期末成绩，其中理论考试占 30%，实际操作考试占 70%，占总成绩的 30%。教学过程要进行自评、互评及教师评价等。

③应注重学生动手能力和实践中分析问题、解决问题能力的考核，对在学习和应用上有创新的学生应予特别鼓励，全面综合评价学生能力。

④充分利用校内外实训基地，产学结合，工学交替，满足实习、实训需求，同时为学生的就业创造机会。

⑤建立本专业开放式实训中心，使之具备现场教学、实训、职业技能证书考证的功能，实现教学与实训合一、教学与培训合一，满足学生综合职业能力培养的要求。

（三）教学师资

应取得电类专业本科及以上学历，或具有相关专业 2 年以上教学经验并有电子专业三级及其以上职业资格证书或相应技术职称；也可聘用行业专家、企业技术人员和管理人员以及社会能工巧匠担任兼职教师。

（四）教材选用及教学资源开发与使用

按国家和地方教育行政部门规定的程序与办法选用教材。选用体现新技术、新工艺、新规范等内容的高质量教材，引入典型生产案例，也可探索开发活页式、讲义式教材做必要的补充。合理开发和使用音视频资源、教学课件、虚拟仿真软件、网络课程等信息化教学资源库，满足教学需求，提升学习效果。

（五）教学实习与实训

1. 校内实训场地

建议计算机机房 1 间，50 台高性能电脑。

2. 校内实训设施设备

每台电脑安装印制板设计软件、CAD 软件、仿真实训软件，实训室里需要配备多媒体教学环境。

3. 校外实习条件

校外实习基地具备 PCB 设计、PCB 生产等岗位设备设施。

八、编写依据

依据国家专业目录、专业教学标准、顶岗实习标准、教学条件建设标准及重庆市中等职业学校电子技术应用专业人才培养指导方案等，电子 CAD 制图员职业资格标准，结合行业企业岗位典型工作任务及职业能力要求制定。

“传感器技术及应用”课程实施标准

一、课程名称：传感器技术及应用

二、适用专业：电子技术应用（091300）

三、学时与学分：72 学时，4 学分

四、课程性质

本课程为中等职业学校电子技术应用专业核心课程。通过对传感器基础知识、常见传感器识别、检测及应用等内容的学习，让学生掌握传感器技术与应用相关的知识与技能，形成独立学习及获取新知识、新技能、新方法的职业能力，培养学生与人交往、沟通及合作的职业素养。本课程的前导课程有“电子技术基础与技能”“电工技术基础与技能”“电子测量技术”，后续或者同期开设的课程有“单片机技术及应用”“电子产品检验技术”“专业综合实训与考证”等专业方向课程。

五、课程目标

通过本课程的学习，学生达成如下的职业素养、知识、技能目标：

（一）素养目标

①具有遵守实训室管理制度的意识。

②具有遵守安全操作规程意识，树立规范操作的意识。

③具有良好的职业道德，具有团队合作精神。

④具有与他人交流、沟通的能力。

⑤具有节能、环保意识。

（二）知识目标

①能了解自动检测系统与传感器基础知识。

②能了解常见传感器的种类和分类方法及参数。

③能掌握常用传感器基本结构和工作原理。

④能理解常见传感器应用电路的工作原理。

⑤能了解其他新型传感器的应用。

⑥能了解常见传感器的选用原则和方法。

（三）技能目标

①会使用万用表等仪器仪表识别与初步检测各类传感器。

②会使用传感器实训设备检测传感器的相关参数。

③会使用电工工具安装常见传感器应用电路。

④会使用仪器仪表调试常见传感器应用电路。

六、课程内容与要求

本课程坚持立德树人的根本要求，结合中等职业学校学生学习特点，遵循职业教育人才培养规律，落实课程思政要求，有机融入思想政治教育内容，紧密联系工作实际，突出应用性和实践性，注重学生职业能力和可持续发展能力的培养，结合中高本衔接培养需要，根据国家电子技术应用专业教学标准和重庆市人才培养方案指导方案中对本课程的要求，合理设计如下学习单元（模块）和教学活动，并在素质、知识和能力等方面达到相应要求。

序号	学习单元（模块）	职业能力	课程内容与要求			建议学时
			素养	知识	技能	
1	认识传感器	能识别各种类型传感器	①具有较好的语言表达能力和沟通能力 ②具有安全、环保、节能及安全操作的意识	①能了解传感器的基本特性、传感器的作用 ②能了解传感器参数、传感器的种类、传感器的分类	能识别常见的传感器	6
2	应用温度传感器	能安装、调试连接温度传感器	①具有遵守实训室管理制度的意识 ②具有遵守安全操作规程意识，树立规范操作的意识 ③具有良好的职业道德	①能了解热电偶、热电阻、热敏电阻的参数 ②能理解热电偶热电阻、热敏电阻应用电路的工作原理 ③能理解热电偶、热电阻、热敏电阻在生产、生活中的应用	①会使用传感器实训设备检测传感器的相关参数 ②会使用电工工具安装常见传感器应用电路 ③会使用仪器仪表调试常见传感器应用电路	8
3	应用气体成分传感器	能安装、调试气体传感器	①具有遵守实训室管理制度的意识 ②具有遵守安全操作规程意识，树立规范操作的意识 ③具有学习新知识的能力	①能了解气敏电阻的参数 ②能理解气敏电阻应用电路的工作原理 ③能理解气敏电阻在生产、生活中的应用	①会使用传感器实训设备检测传感器的相关参数 ②会使用电工工具安装常见传感器应用电路 ③会使用仪器仪表调试常见传感器应用电路	8
4	应用力敏传感器	能安装、调试力敏传感器	①具有遵守实训室管理制度的意识 ②具有遵守安全操作规程意识，树立规范操作的意识 ③具有学习新知识的能力	①能了解电阻应变式传感器的参数 ②能理解电阻应变式传感器应用电路的工作原理 ③能理解电阻应变式传感器在生产、生活中的应用	①会使用传感器实训设备检测传感器相关参数 ②会使用电工工具安装常见传感器应用电路 ③会使用仪器仪表调试常见传感器应用电路	8

续表

序号	学习单元（模块）	职业能力	课程内容与要求			建议学时
			素养	知识	技能	
5	应用磁电传感器	能安装、调试磁电传感器应用电路	①具有遵守实训室管理制度的意识 ②具有遵守安全操作规程意识，树立规范操作的意识 ③具有学习新知识的能力	①能了解霍尔传感器的参数 ②能理解霍尔传感器应用电路的工作原理 ③能理解霍尔传感器在生产、生活中的应用	①会使用传感器实训设备检测传感器的相关参数 ②会使用电工工具安装常见传感器应用电路 ③会使用仪器仪表调试常见传感器应用电路	10
6	应用超声波传感器	能安装、调试超声波传感器应用电路	①具有遵守实训室管理制度的意识 ②具有遵守安全操作规程意识，树立规范操作的意识 ③具有学习新知识的能力	①能了解超声波传感器的参数 ②能理解超声波传感器应用电路的工作原理 ③能理解超声波传感器在生产、生活中的应用	①会使用传感器实训设备检测传感器的相关参数 ②会使用电工工具安装常见传感器应用电路 ③会使用仪器仪表调试常见传感器应用电路	8
7	新型传感器	能识别常见新型传感器	①具有学习新事物新知识的能力 ②具有创新意识	①了解光纤传感器的作用 ②了解红外传感器的作用 ③了解智能传感器的作用 ④了解生物传感器的作用	①会操作光纤传感器 ②会操作红外传感器 ③会操作智能传感器 ④会操作生物传感器	8
8	项目设计	掌握项目设计的流程和技术	①具有项目设计的能力 ②具有与人有效沟通的能力 ③具有团队合作精神	①能了解常见传感器的选用原则和方法 ②能应用常见传感器技术解决生产生活中的实际问题	①能独立或配合他人完成项目设计 ②能根据实际需要进行个性设计	10
机动						6
合计						72

七、课程实施

（一）教学要求

教学实施应以适应职业岗位需求为导向，加强实践教学，着力促进知识传授与生产实践的紧密衔接。创新教学环境，构建具有鲜明职业教育特色的实践教学环境。创新教学方式，深入开展项目教学、案例教学、场景教学、模拟教学和岗位教学，通过数字仿真、虚拟现实等信息化方式，在教学中普遍应用现代信息技术，多渠道系统优化教学过程，增强教学的实践性、针对性和实效性，提高教学质量。

（二）学业水平评价

①改革传统的一刀切的评价方式，关注评价的多元性。

②采用阶段评价、过程评价、项目评价、理实一体化评价、学生自评、互评、教师评价等多元化评价模式。结合学生作业、平时测验、综合评定学生成绩。使考核与评价有利于激发学生的学习热情，促进学生的发展。

③应多注重学生动手能力和实践中分析问题、解决问题能力的考核，对在学习和应用上有创新的学生应予以特别鼓励，全面综合评价学生能力。

（三）教学师资

担任本课程的专任教师应具有中等职业学校及以上教师资格证书，具有本专业三级及其以上职业资格证书或相应技术职称；同时，聘用有实践经验的行业专家、企业工程技术人员和社会能工巧匠等担任兼职教师。

（四）教材选用及教学资源开发与使用

①教材应以本课程实施标准为依据，教材要体现先进性、通用性、实用性，反映新技术、新工艺，体现地区产业特点；必须与相关职业资格实施标准相结合，突出课程内容的职业指向性，突出课程内容的时代性和前瞻性。

②教材编写建议按照基于工作过程导向的项目任务构架进行编写，图文并茂，纸质与电子的多种形式并存。

③教材编写人员应具备丰富的教学与生产实践经验，同时，应有企业工程技术人员参与。

④教材前言应该介绍编写的思路与特色、内容及编写人员、课时分配等内容。

⑤充分利用网络资源及电路仿真。

⑥开发适合教学使用的多媒体教学资源库和多媒体教学课件。开发适合学生自学的微课、慕课等。

（五）教学实习与实训

1. 校内实训室

传感器实训室。

2. 校内实训实训设备

配备传感器与检测技术各个模块的实训工作台 20 个，以及常用的电工工具和仪表等，配备多媒体教学设备。

3. 校外实训基地

与企业合作共建校外实训基地，具备相应设备设施。

八、编写依据

本课程依据国家专业目录、专业教学标准、顶岗实习标准、教学条件建设标准，以及教育部电子技术应用专业教学实施标准、电子产品调试员、电子产品装配工四级职业资格实施标准，结合行业企业岗位典型工作任务及职业能力要求制定。适用于中等职业学校电工电子类专业。

根据新技术发展和教学技术更新需要在 3~5 年组织相关人员进行修订。

“单片机技术及应用”课程实施标准

一、课程名称：单片机技术及应用

二、适用专业：电子技术应用（091300）

三、学时与学分：108 学时，6 学分

四、课程性质

本课程是电子技术应用专业的专业核心课程，是根据电子产品生产、营销及售后服务的岗位能力要求，把单片机技术的相关知识和技能有机结合，使学生能应用

单片机技术和操作规范。其主要功能是使学生掌握单片机技术及其在工业控制、经济建设和日常生活中的应用，培养学生实践能力、创新能力和新产品的辅助设计开发能力，具备简单的编程、调试能力和电子产品及设备的生产、操作、维护能力。为从事电子产品设计开发助理工作及电子产品的检测和维护等工作奠定坚实的基础，为学生将来在专业领域进一步发展打下良好基础。

本课程的前导课程有“电工技术基础与技能”“电子技术基础与技能”和“电子CAD”，后续课程有“电子产品装配及工艺”“电子产品检验技术”等。

五、课程目标

通过本课程的教学使学生能够了解单片机的特点及主要应用领域；熟悉MCS-51单片机的外部引脚功能及使用方法；熟悉单片机应用软件和仿真软件的使用；理解MCS-51单片机常用功能指令的使用方法和常用功能程序模块的C语言编程方法；能理解物联网与单片机技术的关系；能够完成单片机简单应用产品的设计和维护，并在相关学习任务的完成过程中培养学生自主学习、团结合作、认真负责的职业素养。

（一）素养目标

①具有良好的职业道德，能自觉遵守行业法规和企业规章制度。

②具有良好的工作态度、创新意识。

③具有良好的人际交往能力、团队合作精神和优质服务意识。

④具有安全生产、节能环保和规范操作的意识。

⑤具有良好的信息收集和处理能力。

（二）知识目标

①能了解单片机技术的发展的历史和现状。

②能理解单片机技术相关的基本概念和原理。

③能掌握C语言编写程序的方法。

④能掌握单片机应用产品开发的原理及主要过程。

（三）技能目标

①会使用绘图软件画出单片机外围电路图。

②会使用 keil C 语言软件编写简单的 C51 程序。

③会使用单片机端口控制外围硬件。

④会使用常用电子仪器仪表对设备进行调试。

⑤会根据用户需求进行单片机应用产品的辅助开发及设计。

六、课程内容与要求

本课程坚持立德树人的根本要求，结合中等职业学校学生学习特点，遵循职业教育人才培养规律，落实课程思政要求，有机融入思想政治教育内容，紧密联系工作实际，突出应用性和实践性，注重学生职业能力和可持续发展能力的培养，结合中高本衔接培养需要，根据国家物联网技术应用专业教学标准和重庆市人才培养方案指导方案中对本课程的要求，合理设计如下学习单元（模块）和教学活动，并在素质、知识和能力等方面达到相应要求。

序号	学习单元（模块）	职业能力	课程内容与要求			建议学时
			素养	知识	技能	
1	LED 灯的制作	①能创建一个 keil 观察文件 ②能通过单片机编程点亮多个发光二极管 ③会用 C 语言编程控制 LED 灯的工作	①具有良好的职业道德，能自觉遵守行业法规和企业规章制度 ②具有良好的工作态度、创新意识 ③具有良好的人际沟通能力、团队合作精神和优质服务意识 ④具有安全生产、节能环保和规范操作的意识 ⑤具有良好的信息收集和处理能力	①能理解单片机的原理及其作用 ②能理解单片机电平特性和进制的关系 ③能理解单片机最小系统 ④能理解发光二极管的原理及检测方法 ⑤能理解单片机控制发光二极管工作的原理 ⑥能理解实验设备程序烧录方法 ⑦能理解 C 语言单片机编程的技巧 ⑧能理解 C 语言各种语句的使用方法	①会根据要求对数值进行二进制、十进制、十六进制的转换 ②会使用绘图软件画出单片机外围电路图 ③会根据要求建立一个 keil 工程文件 ④会进行单片机编程，点亮一个发光二极管 ⑤会进行单片机编程，点亮多个发光二极管 ⑥会对常用实验设备程序进行烧录 ⑦会用C语言编程，控制 LED 灯的工作	12

续表

序号	学习单元（模块）	职业能力	课程内容与要求			建议学时
			素养	知识	技能	
2	LED广告灯箱的制作	①能编写程序实现LED闪烁功能并独立进行软件调试 ②能独立编写两种以上的LED跑马灯程序 ③能独立编写程序制作呼吸灯	①具有良好的工作态度、创新意识 ②具有良好的人际交往能力、团队合作精神和优质服务意识	①能理解LED的基本知识，能记住单片机基本结构 ②能理解Keil软件基本调试步骤 ③能理解数组、移位运算符、函数的使用技巧 ④能理解PWM调节占空比调光原理	①会利用绘图软件画出广告灯箱电路图 ②会编写程序实现LED闪烁功能，能独立进行软件调试 ③会设计单片机接口电路 ④会独立编写两种以上的LED跑马灯程序 ⑤会编写程序实现PWM调光，制作呼吸灯	12
3	数字时钟的制作	①能写出数码管显示程序 ②能写出多位数码管显示程序 ③能编写数组的调用程序	①具有良好的职业道德，能自觉遵守行业法规和企业规章制度 ②具有良好的人际交往能力、团队合作精神和优质服务意识	①能理解共阳、共阴数码管显示的基本原理 ②能理解单片机数码管消隐的相关知识 ③能理解锁存器的使用方法 ④能理解多位数码管的动态扫描显示原理	①会使用绘图软件画出数码管显示电路图 ②会计算共阳、共阴数码管十六进制编码 ③会写出数码管显示程序 ④会使用锁存器进行程序编写，熟悉段选和位选的操作 ⑤会写出多位数码管显示程序 ⑥会编写数组的调用程序	8

续表

序号	学习单元（模块）	职业能力	课程内容与要求			建议学时
			素养	知识	技能	
4	篮球比赛计分牌的制作	①能利用行列扫描和线反转法对矩阵键盘进行编程 ②能使用绘图软件画出篮球计分器电路图 ③能通过编程实现篮球计分器功能	①具有良好的工作态度、创新意识 ②具有安全生产、节能环保和规范操作的意识	①能理解独立按键和矩阵按键基本知识 ②能理解独立键盘、矩阵键盘的编程原理 ③能理解I/O输入的程序编写原理、键盘的防抖、重击、连击、松手检测的原理 ④能理解SWITCH函数的使用方法 ⑤能理解行列扫描和线反转法对矩阵键盘进行编程的原理	①会编写出独立按键的C语言程序 ②会使用绘图软件画出独立按键的电路图 ③会利用SWITCH函数编写一个按键控制程序 ④会利用行列扫描和线反转法对矩阵键盘进行编程 ⑤会使用绘图软件画出篮球计分器电路图 ⑥会编写程序，实现篮球计分器功能	16
5	八路抢答器的制作	①能编译外部中断触发程序 ②能编程实现八路抢答器功能	①具有良好的工作态度、创新意识 ②具有良好的人际交往能力、团队合作精神和优质服务意识	①能理解外部中断的原理及优先级的设定 ②能理解各类中断源、中断入口地址和入口号 ③能理解外部中断设定方法 ④能理解中断电路的设计原理	①会使用绘图软件画出八路抢答器的电路原理图 ②会编译外部中断触发程序 ③会编写出程序，实现八路抢答器功能	12

续表

序号	学习单元（模块）	职业能力	课程内容与要求			建议学时
			素养	知识	技能	
6	篮球24秒倒计时牌的制作	①能编写各定时器初始化程序 ②能编写篮球24秒倒计时程序	①具有安全生产、节能环保和规范操作的意识 ②具有良好的信息收集和处理能力	①能理解中断的概念 ②能理解中断函数写法 ③能理解定时器工作方式、定时器中断应用的方法 ④能理解定时器/计数器的工作方式 ⑤能理解控制寄存器的方法 ⑥能理解定时器方式1的设置方法	①会编写各定时器初始化程序 ②会确定工作方式和计算定时初值 ③会调试中断程序 ④会编写中断服务子程序 ⑤会使用绘图软件画出篮球24秒倒计时电路图 ⑥会编写篮球24秒倒计时程序	16
7	16*16点阵LED屏的动画屏幕的制作	①能编写16*16点阵LED屏动态显示程序 ②能调试程序实现显示功能	①具有良好的职业道德，能自觉遵守行业法规和企业规章制度 ②具有良好的人际交往能力、团队合作精神和优质服务意识	①能理解点阵LED屏的扫描显示原理，能看懂74LS244真值表及工作原理 ②能理解扫描显示原理 ③能理解74LS244的使用方法 ④能理解中断技术及定时器的使用方法	①会根据设计要求提取字模 ②会使用绘图软件画出点阵LED屏的电路图 ③会熟练编写出程序 ④会熟练调试程序，实现显示功能	14
8	LCD12864液晶显示屏的幕制作	①能编写LCD12864液晶显示程序 ②能调试程序完成12864液晶屏显示字符功能	①具有安全生产、节能环保和规范操作的意识 ②具有良好的信息收集和处理能力	①能理解12864液晶屏的硬件知识 ②能理解液晶屏显示的基本知识，及原理 ③能理解12864液晶屏显示程序的编写方法	①会编写LCD12864液晶显示程序 ②会调试编写的程序，实现12864液晶屏显示字符	14
机动						4
合计						108

七、课程实施

（一）教学要求

将思想政治教育融入教学，针对不同生源结构，采用项目教学、案例教学、情境教学、模块化教学等教学方式，运用启发式、探究式、讨论式、参与式等教学方法，推动课堂教学改革。建议使用翻转课堂、混合式教学、理实一体教学等教学模式，加强大数据、人工智能、虚拟现实等现代信息技术在教育教学中的应用。

（二）学业水平评价

根据培养目标和培养规格要求，采用多元评价方式，加强过程性评价、实践技能评价，强化实践性教学环节的全过程管理与考核评价，结合教学诊断和质量监控要求，完善学生学习过程监测、评价与反馈机制，引导学生自我管理、主动学习，提高学习效率，改善学习效果。

评价类型	评价内容	评价实施标准	成绩权重
过程评价（60%）	①学习态度	出勤情况、上课纪律情况	0.04
	②课堂发言	课堂提问	0.02
	③作业提交情况	提交次数和质量	0.07
	④学生自评和互评	评价记录	0.05
	⑤实训安全操作规范、实训装置和相关仪器摆放情况	遵守实训操作规程，实训装置和相关仪器摆放整齐	0.03
	⑥项目实训情况	评价项目实训完成效果和次数	0.05
	⑦实训报告	评价实训报告和次数	0.04
	⑧阶段理论考核	考核成绩	0.1
	⑨阶段作品考核	单独考核	0.1
	⑩服从安排	服从管理、清洁安排和调度	0.1
结果评价（40%）	⑪期末考试	考核成绩	0.4

（三）教学师资

担任课程的专任教师应具有中等职业学校及以上教师资格证书，取得电子信息类专业本科及以上学历，或具有相关专业 3 年以上教学经验并有本专业三级及其以上职业资格证书或相应技术职称；也可聘用行业专家、企业技术人员和管理人员以及社会能工巧匠担任兼职教师。

（四）教材选用及教学资源开发与使用

按国家和地方教育行政部门规定的程序与办法选用教材。选用体现新技术、新工艺、新规范等内容的高质量教材，引入典型生产案例，也可探索开发活页式、讲义式教材做必要的补充。合理开发和使用音视频资源、教学课件、虚拟仿真软件、网络课程等信息化教学资源库，满足教学需求，提升学习效果。

（五）教学实习与实训

1. 校内实训室

单片机技术实训室。

2. 校内实训实训设备

安装单片机仿真开发平台软件的计算机 50 台、单片机开发板 50 套。

3. 校外实训基地

与企业合作共建校外实训基地。

八、编写依据

本课程实施标准依据国家专业目录、专业教学标准、顶岗实习标准、教学条件建设标准，教育部电子技术应用专业教学实施标准，结合重庆市物联网产业中涉及的电子产品设计开发、调试及维护相关岗位典型工作任务及职业能力要求制定。适用于中等职业学校物联网技术应用、电子与信息技术、电子技术应用、制冷与空调设备运行与维护等专业。

根据新技术发展和教学技术更新需要在 3~5 年组织相关人员进行修订。

3. 实习标准

实习实训是非常重要的实践教学环节，是学生走向社会之前培养其实际动手能力、创新能力、社会适应和交际能力的重要过程。为了健全制度，规范试点班实习实训环节的质量标准和管理行为，减少和避免盲目性、随意性在专业实习实训工作中造成的混乱和失误，确实提高专业实习实训的效果和人才培养质量，结合试点专业的具体情况，特制定《制冷和空调设备运行与维护专业实习标准》。

（1）适用范围

本标准适用于重庆工商学校现代学徒制制冷和空调设备运行与维护专业三年制学生的实习各环节的安排，面向空调制造类实习单位，从事制冷设备的组装、调试、运行、维护和维修等工作岗位（群）或技术领域。

（2）实习目标

学生通过制冷和空调设备运行与维护专业顶岗实习，了解企业的生产运行、组织架构、规章制度和企业文化；掌握岗位的典型工作流程、工作内容及核心技能；养成爱岗敬业、精益求精、诚实守信的职业精神，增强学生的就业能力。

（3）时间安排

根据政、校、企、生四方协议和人才培养方案，本专业为现代学徒制班级，学生实习场所分别在学校和企业进行，在校实习时间半年左右，第 1~3 学期每月安排一周集中在学校实训基地实习；在企业实习时间一年左右，第 4~6 学期每学期后半学期安排在企业实习。

（4）实习条件

·实习企业

学生实习的单位符合重庆工商学校现代学徒制企业遴选标准，应以制冷制热设备生产头部企业为主体，具备充裕的实习岗位，能提供良好的工作环境、食宿条件、安全设施、薪酬保障等条件。

·设施条件

实习单位应具有以下基本设施条件：

专业设施：能提供空调和制冷设备，专用生产设备（如输送设备、成型机、剪切机、弯管机等），电气及机电一体化设备（如成套电气设备、自动生产线、机器人、机械手等），以及各种配套的工具，并能提供学生集中教学所需的场地及设施。

信息资源：校企双方共同建立异地校企远程协同教学平台；提供实习岗位所涉及设备的执行标准（国家、行业或实习单位）与规范、操作手册、生产工艺卡、生产作业指导书等资料。

安全保障：学校派遣学校教师全程跟踪学生实习工作，与学生同吃同住同劳动，参与企业实践，并是学生安全工作负责人。企业指定试岗轮岗师傅、定岗顶岗师傅，指导学生实习，并是学生实习安全负责人。由现代学徒制校企工作委员会负责指导。企业严格落实安全生产规章制度，制定生产安全事故应急救援预案；为实习场所配备必要的安全保障器材；定期对实习学生进行安全意识、安全生产教育和培训；为实习学生提供必需的劳动防护用品，保障学生实习期间的人身安全；提供实习学生集中餐饮和住宿等的基本生活保障条件；执行国家在劳动时间方面的相关规定；按学生实习的工作量或工作时间支付合理的报酬。在企业实习期间，由企业购买安全生产险，学校购买实习生责任险。

·实习岗位

顶岗实习岗位应符合专业培养目标要求，与学生所学专业对口或相近。实习单位应提供下列工种的实习岗位：①一般技能岗；②品检岗；③钎焊岗；④电气设备维护维修岗；⑤喷涂岗等。

学校和实习单位应当合理确定顶岗实习学生占在岗人数的比例，顶岗实习学生的人数不超过实习单位在岗职工总数的 10%，在具体岗位顶岗实习的学生人数不高于同类岗位在岗职工总人数的 20%。

·指导教师

校企根据“双导师”制度，派遣优秀教师带领学生到企业实习，与企业师傅共同管理学生实习。学校指导教师要符合现代学徒制学校教师遴选标准，企业指导教师要符合现代学徒制企业师傅遴选标准。

（5）实习内容

实习过程中，学生必须完成下表中识岗、试岗、轮岗、定岗、顶岗等 5 个实践教学环节。

制冷和空调设备运行与维护专业实践教学环节表

序号	名称	主要教学内容和要求	参考学时
1	识岗实习	了解 4 个技术岗位和 12 个普通岗位的具体工作任务	30
2	试岗实习	在师傅的传授下，掌握钎焊、涂装、保全、品质、一般技能岗位等 5 个岗位的基本操作技能，使学生基本能够离开师傅独立操作	120
3	轮岗实习	在师傅的传授下，熟练掌握钎焊、涂装、保全、品质、一般技能岗位等 5 个岗位的基本操作技能，使学生能够离开师傅独立操作	360

续表

序号	名称	主要教学内容和要求	参考学时
4	定岗实习	在师傅的指导和熏陶下，传承精益求精的工匠精神，掌握1个岗位的核心技术，同时树立工匠精神	240
5	顶岗实习	在师傅的带领下进行产品的技术开发，研究新方法、新工艺，实现节能减排，提供生产效率	540
合计			1 290

（6）实习成果

实习学生应按时完成规定的实习任务，撰写实习日志，并在顶岗实习结束时提交顶岗实习总结报告和实习期间形成的技术方案或实习期间完成的实物作品的说明材料（图文说明或音视频说明）。

（7）考核评价

·考核内容

实习成绩体现学生在实习阶段学习、工作的综合表现与成果，由学校和企业根据学生在五岗实习期间的表现进行综合评价。具体考核内容由过程性考核与终结性考核两部分内容，其考核组成部分及成绩比例见下表。考核的结果分优秀、良好、合格和不合格四个等级。学生考核结果达到合格及以上者可获得相应学分。

下表中过程性考核的实习单位实习巡回检查记录主要包括工作纪律（签到、出勤等）、工作规范、安全生产、敬业精神、人际关系、岗位绩效（产品数量、合格率等）等；学校实习巡回检查记录主要包括学习计划制定与执行情况、学习效果，评估学生工作状态、生活状态和心理状态等。

实习考核内容及成绩比例表

序号	考核内容	组成部分及分值比例		占总成绩比例
1	过程性考核	企业实习巡回检查	70%	40%
		学校实习巡回检查记录	30%	
2	终结性考核	实习手册	50%	60%
		实习总结	20%	
		实习鉴定	30%	

· 考核形式

学生实习成绩的评定，采用校企双元评价模式，过程性考核和终结性考核相结合的方式进行。过程性考核主要以日常巡回检查的书面记录为主。终结性考核中的实习总结与实习鉴定以书面评价为主；实习手册中的实习周志及各种记录以书面记录为主，阶段性考核以结果性考核成绩为主，其中应知部分（工艺理论知识）采用书面考核的形式，应会（技能操作水平）部分采用实际操作考核的形式。

· 考核组织

本专业实习考核应由校企双方组成的顶岗实习考核小组负责实施，参与考核的人员至少应包括实习单位和学校校企合作处的主要人员、指导教师及本班级其他实习的同学等，宜采用师傅评价、教师评价、行业评价、学生自评、学生互评等组织形式。

（8）实习管理

本专业学生顶岗的管理由学校和实习单位共同组织实施，不得通过中介机构有偿代理组织、安排和管理学生顶岗实习工作。

· 管理制度

下表列举了必备的管理制度。

顶岗实习管理制度一览表

序号	管理制度	制度内容
1	校企合作协议	本着“平等自愿、公平合理、互利互惠”原则，通过现代学徒制工作校企合作协议的方式，明确校企双方的职责，并在此基础上签订政、校、企、生四方协议
2	实习实施办法	明确实习实施机构分工、流程、要求、提交成果等
3	实习指导教师工作职责	明确实习单位及学校教师职责，学校教师和企业教师应负责实习具体实施工作，协调、解决、指导、帮助学生完成实习；校企双方根据其工作内容和教学工作特点，制定工作量考核激励办法
4	实习学生管理办法	为保障实习学生的人身安全，制定相关交通安全、生产安全、设备安全等方面规定，并建立事故报告程序；为保障学生实习期间管理环节合理、规范，对学生实习守则、作息时间、纪律、请假审批程序、住实习企业学生宿舍管理等方面做出明确规定；为保障学生与实习单位的权益，制定关于实习单位退回实习学生的依据条例、时间限制、处理程序及补充学生的规定等

·过程记录

实习单位指导教师及时记录实习期间学生岗位变动情况，按时审阅学生实习记录及成果，并签字确认。学校教师全程陪同学生实习，针对各项问题进行指导，并填写注明时间和指导内容的实习教师指导记录表。

学校应在实习期间加强监管，通过各种方式了解并解决学生顶岗实习期间遇到的问题，采取措施及时解决所遇问题并形成记录，同时，促进顶岗实习管理工作不断规范，教学质量不断提高。

·实习总结

学生总结：学生总结通过撰写实习总结报告，以文字、图片、视频等形式反映顶岗实习过程与体会，总结顶岗实习不足与成果。

指导教师总结：指导教师总结采用座谈会形式，建议在实习单位召开，按实习单位分组成立小组，由学校、企业师傅及学生参与，交流经验体会，推荐小组优秀实习学生与成果。

专业总结：专业总结采用总结大会形式，由本专业学校教师、企业师傅和全体学生参加，学校和企业师傅代表分别做顶岗实习工作总结，优秀学生做实习经验交流汇报。同时，对优秀实习成果进行展示和表彰。

4. 教学运行管理标准

教学工作是学校的中心工作，教学管理是学校管理的主要工作之一，教学质量管理是教学管理的核心。为实现“职业教育现代学徒制”教学管理的程序化、规范化和科学化，确保教学工作正常运行，提高管理水平和教学质量，依据国家有关文件规定，校企双方根据学生（学徒）交替学习的实际情况，特制定《重庆工商学校教学运行管理规范》。

（1）教学常规

①备课

·认真钻研和全面掌握本学科教学大纲和教材。学习上级教育部门有关本学科教学的规定，弄清教学任务和教材体系、结构，了解各章节教材在课程中的地位、作用，明确重点和难点。

·深入了解学生。掌握学生的接受能力、认知水平、学习习惯和原有基础等方面的差异，分析心理状态，因材施教。

·设计课堂教学。根据教学内容与学情分析，确定教学目标，设计好师生活动，明确设计意图，选择教学方法，突出重点，突破难点。

·精选例题，精心设计训练的内容和形式，教师要切实掌握练习题。

②上课

·做好课前准备，上课铃响之前到达教室门口，不准提前下课，不准拖堂。

·教师上课前要负责清点学生并做好记载，上课必须认真讲解、示范、答疑、辅导、纠错等。

·认真组织课堂，及时管理督导学生睡觉、下位、打闹等违纪行为。

·面向全体学生，处理好教与学的关系，不断调整和控制课堂教学进程，努力调动各层次学生的学习积极性。

·教师应使用普通话教学，语言力求准确、生动、形象，板书字迹应工整，内容应简要、形象、脉络清楚。

·教师应采用科学的教法与学法，利用微课、慕课、仿真教学等现代信息化教学手段，提高课堂效率。

·上课应该精神饱满，严于律己。做到态度和蔼可亲，教风严谨朴实，不得坐着讲课，不得擅离教室。坚持文明教学，严禁体罚和变相体罚学生。

·教师在上课期间不得接听电话、写教案等与本堂教学内容无关的事。

·教师应认真落实教学进度计划，完成周计划、月计划和学期计划。

·自习课要求教师应给学生相应自学任务，并巡回指导、辅导、答疑，不做与课堂无关事情。

③作业批改

·作业布置按照语文、数学、英语、专业理论课布置的每周作业数应不低于周课时数的 1/2；德育、物理、历史、计算机基础等公共基础课布置的作业次数不低于课时数的 1/3；专业技能课应每次课对学生任务完成给予成绩评定。

·批改作业应及时，有必要的应面批或当面订正。

·要严格要求学生认真、按时、独立完成作业；对无故缺作业的要让其补做；对抄袭、马虎的作业要让其重做。

·对学生作业中的典型错误应做好记录，及时讲评，对优秀作业应给予表扬鼓励。

④辅导

·辅导要因人而异，有明确的目的。教师对待学生要耐心并尊重学生，要注意将课内即时辅导与课外个别辅导相结合。

·对于学习态度不端正或成绩极差的学生，要分析原因，加强教育和引导，要争取学生家长的支持和协助。

·要关爱学生，爱护学生，发现学生的“闪光点”。辅导中要严禁体罚和变相体罚学生。

（2）听评课

①听课要求

·以学习者的身份听课。思考教学中问题出现的原因，进行反思对照。

·观察上课教师的教学智慧。

·关注学生的学习活动。认真观察学生的参与广度、深度及其有序性和实效性。

·体味教学风格。

·观察学习效果。注重观察大多数学生是否掌握了符合学科特点的基础知识与技能，在过程与方法、情感态度与价值观方面是否获得了发展。

②评课要求

·对教学目标的评议。对态度与价值观、知识与技能、过程能力与方法的评议。

·对教学重点、难点的评议。重点、难点确定是否准确，突出重点的情况以及突破难点是否得当，是否通过各个环节达到了预定目标。

·对课堂教学教法的评议。教法是否得当，课堂结构是否合理，教学环节是否完整，时间安排是否适度等。

·对教学态度与教学能力的评价。教师思想品德修养水平，包括教学指导思想面向全体学生，全面贯彻教育方针，全面提高教学质量，指导学习方法，培养良好学习习惯等方面能力。

·对教学效果的评议。课堂学生学习态度、情绪及不同程度学生取得实际收获，目标实际落实情况等。

③听评课形式

·单独听评课

推门听课制。学校领导、教务处管理人员、专业系管理人员、教研组长，都可以随时到教室听课。

·集体听评课

各专业系、教研组都应在每学期第二周订好听课计划和安排；

集体听课后，专业系主任、教研组长应及时组织听课人员进行评课活动，做好评课记录。

·跟班听评课

对实习教师和新教师，学校安排指导教师。

（3）月考管理

①月考日期：每学期开学到期中考试、期中考试到期末考试中间的适当时间。

②考试科目及时间

高考及直升类：语文、数学、英语三科合卷，考试时间 150 分钟，技能考试按高考安排执行。

“3+4”及 5 年制专科：按人才培养方案中规定的学科。

中专：文化课及专业课核心课程 90 分钟 / 场。

③命题要求

公共基础课由教务处及教研组统一命题，专业课由各专业系命题；题型合理，题量适中，难易适度，内容精准；试卷格式规范，统一用重庆工商学校 A4 试卷模板；专业课程试卷需由各专业系审核，文化课由教研组长审阅无误后印制

④监考要求

·监考教师为课表安排的任课教师。三年级高考班、“3+4”班和五年制班在教师允许的情况下安排 2 人，一前一后监考。

·监考教师务必按照考试安排时间，提前 5 分钟领取试卷，准时到达考试地点，宣读考场规则。

·监考教师严格履职，听从考室铃声信号，认真监考，严肃考场纪律，不做与监考无关的事情，严禁考试作弊现象发生等。

·监考教师收卷时，清点准确，叠放整齐，按照考号顺序密封装订。

⑤阅卷要求

·文化课由各教研组制定阅卷标准后组织阅卷。

·专业课程由各专业系自行组织阅卷。

·高考班交叉集中阅卷，单科成绩必须在第二天出来并交与班主任。

⑥质量分析

第一条线："学生—班级—专业系—学校"；班内分析，找出班内哪些同学的进退情况以利于班主任老师进行个别学生的思想工作，调动学生的积极性。

第二条线："学生—任科老师—教研组—学校"；任科老师掌握所任班级的学生，调整教学方案，提高课堂教学效率。

（4）教师课堂教学质量考核

①考核项目与内容

·学校每月考核。

·督导考核：从教学态度、教学过程和教学效果等三方面评估。

·校领导及教务处评估：治学严谨，遵守纪律，认真备课和批改作业。参与教改教研，卓有成效。

·教科处考核：常规教研活动开展积极，课题、课赛、论文评比成绩突出，主动积极参加各级各类公开课、示范课。

·专业系考核：师德高尚，教书育人，遵章守纪，服从安排，完成任务。

·学生评价：为人师表，教书育人，严格要求学生，有责任心，有爱心，善于与学生沟通。知识渊博，实践经验丰富，教法得当，寓教于乐，课堂生动有效。

·同行评价：师德高尚，教书育人。遵守劳动纪律。精通教材，精心设计教学方案，因材施教，严格要求学生。

②考核程序及分值计算

·总分占比计算

总分为100分，学校月考核占15%；课堂教学评价占20%；校领导教务处评价占15%；教科处考核占10%；专业系考核占20%；同行评价占10%；学生评价占10%。

·各项分值计算

月考核（15分）：将纳入综合考核月份的分值相加，占综合考核分值的15%。

督导室考核（20分）：由督导评估室3人，随机抽样深入课堂听课，用既定标准评估出每位教师课堂教学质量情况，取所有听课人员评分的平均值。专门负责技能大赛辅导的教师，获得国家大赛一、二、三等奖的，其教学质量督导室评分按本系的第 1 名、第 4 名、第 6 名分值计算；获得重庆市赛一、二、三等奖的按本系第 2 名、第 8 名、第 15 名分值计算。

校领导及教务处考核（15 分）：课堂秩序良好，无教学常规检查扣分，获 15 分；若被值班校长、教务处督查有不良课堂情况记录，一次扣 0.5 分。教务处每天检查反馈专业系及教师、每周公布、每月小结、每期期末进行合计评定。

专业系考核（20 分）：每期末，各系根据平时常规检查情况，由考核小组中的系上管理人员及本系教师代表（5~7 人）评定出教师常规得分。

教科处考核（10 分）：

常规考核 5 分：积极参加专业系、教研组或学校的教研活动，无不良记录，得 5 分。无故不参加教研活动，一次扣 1 分；参加教研会迟到、早退，一次扣 0.5 分，以此类推。

课题研究、参加竞赛、论文获奖等方面考核 5 分：按校级、区级、省级、国家级课题分别记 0.1 分、0.3 分、0.5 分，0.8 分，结题当年加倍计算。如果一位老师同时参加两级或三级课题研究，就高计算，多项课题不叠加计算。积极参加各级各类比赛获奖，总分为 3.5 分。积极参加各级各类公开课、示范课，每学期有一次及以上的记 0.5 分。

同行评价（10 分）：由专业系组织，学校统一评估标准和时间，每期期末进行评定。

学生评价（10 分）：由专业系组织，学校统一评估标准和时间，每期期末进行评定。

（5）聘用教师考核

①聘用教师考核内容

· 师德师风考核（10%）。由专业系、教研组、学校考核小组根据教师任教情况按《江津区中小学教师师德师风考核办法（试行）》（津教发〔2018〕90 号）文件精神进行考核。

· 教学质量考核（50%）。本学年的教学质量考核得分由专业系根据重庆工商学校教学质量评估考核方案对聘用教师教学质量进行考评。

· 教学业绩考核（20%）。教学业绩得分根据《重庆工商学校聘用教师（含职员）职称评审方案》文件要求，由教师本人填报申报考核时段业绩情况，核算出教师业绩得分。

·专业知识（技能）考核（20%）。由学校统一组织，集中考核。考试考核组织实施办法另行制定。

②聘用教师得分计算

·教师考核分值为 100 分。教师总得分为 = 师德师风的考核 ×10%+ 教学质量考核 ×50%+ 教学业绩考核 ×20%+ 专业知识（技能）考核 20%。

·教师实得分由“教师考核分 ×80%+ 学校考评 ×20%”构成，学校考评由学校考评组根据教师综合情况按 100 分制考核，占比实得分的 20%。

·教师总分 =2020 年教师超工作量得分 ×80%+ 教师考核得分 ×20%。

·教师因参加业务培训进修、社会实践、挂职锻炼、带学生到企业实习、病产假等达一个月以上或因学校安排从事其他工作而无法按以上方式考核者，由学校考评组以定性评价方式进行考核。

③考核结果

有以下情形者为考核不合格，对不合格聘用教师予以调整岗位或辞退。

·聘用教师考核积分低于 60 分以下者；

·体罚或变相体罚、侮辱、歧视、谩骂学生，造成学生身心痛苦与不良影响的；

·教学过程中发生教学事故，造成较大后果与不良影响的；

·迟到早退现象严重或旷课累计达到 3 课时以上者；

·未完成学期教学工作任务或教学进度者；

·因违反国家法律、法规被公安机关依法立案调查者。

综上所述，根据人才培养方案的管理，保证教育教学质量和人才培养质量。

（四）如何评价：出师标准

学徒掌握岗位基本技能，经师傅考核合格，则可出师。按照重庆工商学校制冷和空调设备运行与维护专业人才培养方案关于毕业条件的规定，特制定《现代学徒制学徒出师标准》。

1. 毕业学分

三年总计 208 个学分，毕业成绩不低于 180 学分。

2. 学业要求

完成所有课程模块学习，并通过考核。

3. 岗位要求

学生（学徒）掌握岗位基本技能，经师傅考核合格。

4. 证书要求

· 制冷设备维修工中级证（必考）；

· 维修电工操作证（选考）；

· 制冷上岗证（选考）；

· 焊工证（选考）；

· 电工证（选考）。

第五章 “异地协同”双线深融教学模式

重庆工商学校创新教育教学模式，利用系统交互、记录、评价等功能，实现了电子电工技术等5门专业基础课程的理论学习、教师讲授、师傅异地解惑；空调器制造技术等3门技能课程的实操训练，师傅在车间实时进行关键技能的示范与指导，教师在基地同步进行辅导与点评；钎焊技术等3门岗位实践课程的生产实践、师傅现场指导、教师异地答疑。基于此，促使了异地校企双师共育、双线深融，构建了“‘异地协同’双线深融教学模式”，满足了校企异地教学的需要（如图3所示）。

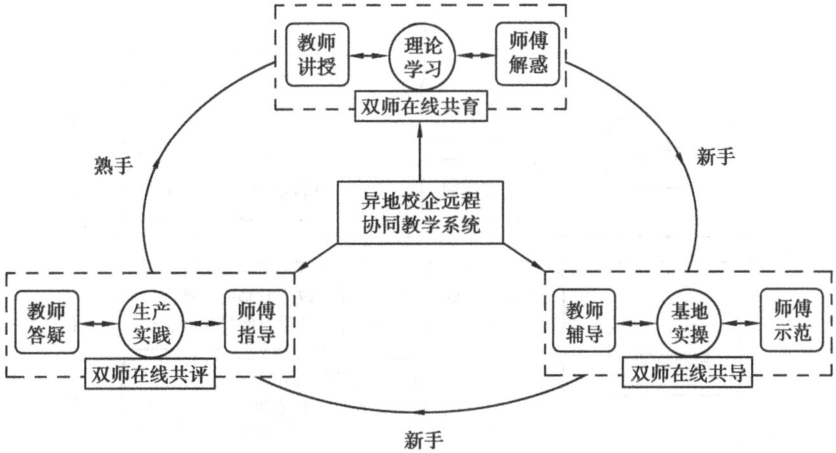

图3 “异地协同”双线深融教学模式

一、基于异地协同的远程教学系统

企业斥资160.1万元人民币、重庆工商学校投入373.8万元人民币共建空调生产、组装、调试、维护实训基地，利用5G技术连接企业生产车间和学校实训基地，按照“主体协同、空间协同、时间协同、工具协同、评价协同”的协同路径，突出“改变学生的‘学’：学习场所呈现情景化”“改变教师的‘教’：教学空间呈现融合化”“改变教育的形态：教育过程呈现智能化”的协同特征，搭建远程协同教学系统，实施课前资源共享、课中双师共育、课后拓展共进的全过程教学，从而达到“打破地域限制，链接企业资源”“降低合作成本，实现降本增效”的协同效果（如图4所示）。

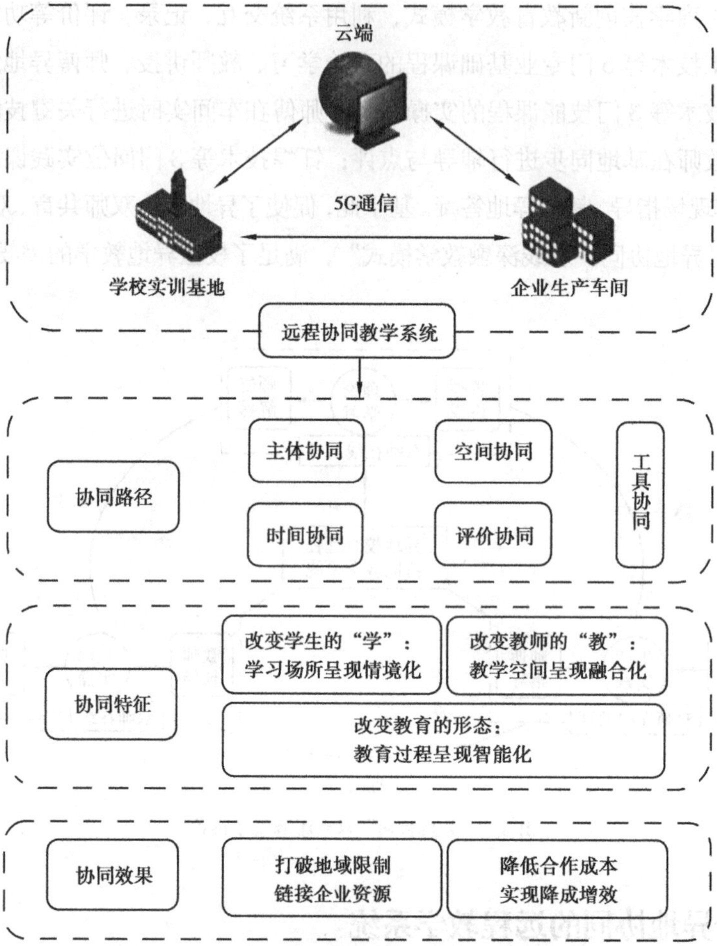

图4 异地校企远程协同教学系统

（一）建设背景及目标

当前，学校学生在校实训课程主要由校本教师承担实训教学任务，企业指导老师无法及时、直观参与学生实训教学过程及效果评价，导致学生技能与企业岗位技能要求匹配度不高，一定程度上影响了校企共育人才模式的效果，难以实现专业人才培养目标。

结合信息技术 + 教育理念，利用最新信息技术手段，打破空间、时间壁垒，将企业指导老师与在校师生融合在同一课堂中，实现企业指导老师在线实时、有效指导实训学生的操作全过程，并根据实时操作或回放影像给予客观评价，从而构建一套异地校企远程协同教学系统。

（二）建设思路

根据建设目标，异地校企远程协同教学系统设计包含“两端一平台”三模块：企业教师教学端、学生实训操作端以及校企协同教学管理平台。

企业教师教学端：在企业建设指导老师教学端，包含教师演示视频采集摄像头、学生操作视频接收大屏、交互终端、评价终端；

学生实训操作端：在学校实训室建设学生操作端，包含学生操作视频采集摄像头、企业教师演示视频接收大屏、交互终端；

校企协同教学管理平台：在学校实训室建设一体化管理中心，主要包含交互管理、评价管理等，与学校已有教学平台打通，实现课前、课中、课后以及课外的教学流程管理，从而形成完整的教学、互动、评价闭环。

（三）建设内容

1. 企业教师教学端

在企业建设教师教学端，配置相应的视频采集摄像头、视频展示大屏、交互终端以及教师端的评价终端，通过相应硬软件设备及配套软件系统，可以方便地实现实训教学、实训巡课、实训课程录制、远程交互、实时评价等功能。

企业教师教学端，为每个教学工位安装相应的硬软件设备，并通过校企协同教学管理平台教师可以方便地进行：实训教学、实训演示、案例教学、互动答疑、实训即时回看等功能，所有的教学过程同时可以录制下来，自动汇聚到校企协同教学管理平台中，作为实训资源进行汇聚和分类。教师可以通过这些资源梳理出相关学科的教学资源库，方便教学资源的共享和再利用。

2. 学生实训操作端

在学校实训工位上配置学生实训操作端，配置相应的视频采集摄像头、视频展示大屏、交互终端，通过相应硬软件设备及配套软件系统，可以方便实现学生实训观摩、实训实操、实训操作录制、远程交互等功能。

在学生实训操作的过程中，教师教学端的视频展示大屏还可以对每个学生的实训操作进行巡课，每个学生实训工位的实时操作，都通过视频展示大屏展现在教师面前，教师可以及时发现每个学生实际操作中出现的问题，方便对学生进行教学指导。

3. 校企协同教学管理平台

在学校建设校企协同教学管理平台，即在学校实训室建设一体化管理中心，主要包含交互管理、评价管理等，与学校已有教学平台打通，实现课前、课中、课后以及课外的教学流程管理，从而形成完整的教学、互动、评价闭环。

(四)技术设计

1. 设计原则

方案设计体现了整个系统的实现思路，它是今后项目实施的技术基础和依据。结合录播系统的实际应用和学校项目需求，本方案设计时考虑以下基本原则：

· 先进性

方案设计先进性体现在技术架构和设计理念两方面上。设计中应采用了新的技术框架进行设计，通过网络进行视频信号接入，无需额外硬件接口进行视频采集，同时无需配置外部编码器进行视频采集。使用高度集成的理念，系统完善且易用，让该方案能实际有效地推动实训教育信息化的工作。

· 稳定性

方案设计中，应尽可能简化设备结构，降低硬件故障以及接线出错率，以获得有保障的系统稳定性；同时该系统中的软件架构应能够长期稳定良好运行。

· 开放性

方案设计中，系统应具有良好的开放性系统接口，系统应采用标准化协议进行开发，系统应提供相关的 HTTP/RTMP/HLS 等多种协议接口。

· 实用性

设计的方案，应具备实用性，实训系统直接针对实际课堂操作，结合教师、学生实际课堂场景，提供了一个优质的实训教学、巡课、课后反思的完整实用解决方案。

· 易用性

设计的方案，应考虑易用性，实训系统系统界面应友好，操作步骤应简洁，让使用的师生获得良好的用户体验，促进系统的使用效率。

2. 整体设计

通过校企协同教学管理平台与企业教师教学端、学生实训操作端相结合，革新和优化实训的教学模式。平台能将教师或学生在实训室课堂实操的过程统一录制，教师可利用校企协同教学管理平台，在线进行教学、巡视，学生也可后期回看操作视频学习提高。针对校企异地实训教学的实际需求，建立一套集用户管理、实训录制、互动授课、在线点评、视频回看、评价分析于一体的专业技能实训管理系统。

平台通过学校学生实操的前端摄像机采集系统实时记录学生实训的整个过程，同时可将企业教师实际教学操作过程进行记录。教师可以在教学过程中，播放相关课程资源；学生也可课后通过云平台，回看操作视频，学习内容，巩固练习；教师在教学过程中可通过实训系统客户端统一观看每个学生实操的过程，直接在线点评。课堂讨论阶段，教师可现场调取回看所有学生操作视频，实现回顾讨论及总结性评课的功能。学校可通过该系统对教师教学过程，学生实训操作及课堂状况随时掌握，对教学成果及经验可记录，实现教、学、管、评一体化的目标（如图 5 所示）。

校企异地实训课中，企业教师可通过校企协同教学管理平台远程观看学生实操训练，双方音视频互动，实时指导点评，课堂教师及时辅助讲解答疑，学生多维度学习，实现实训教学的实战化、远程化、网络化，打造现代化实训基地。

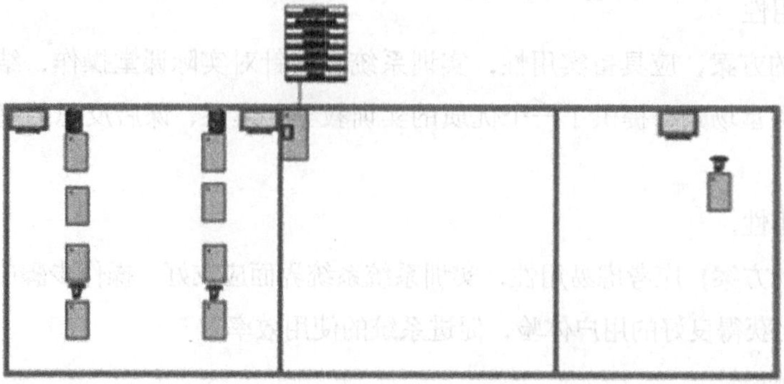

图 5　硬件部署图（学校实训室内）

3. 工位设计

企业教师教学端、学生实训操作端，也称为教师实训工作站和学生实训终端。通过两者的结合，再针对不同的实训内容，部署相关的视频源设备，即可实现不同类型的实训教室的建设（如图 6 所示）。

图 6　工位设计

教师工位：

在系统中的教师工位配置实训工作站，通过实训工作站可以访问平台的课程体系，通过实训工作站开展实训课程的讲授、巡视、互动、案例教学等各项活动。

实训工作站采用高性能图形工作站，内部安装校企协同教学管理平台的相应软件，通过双屏的形式，支持同时巡视教室内的每个工位的操作情况。在教学活动中，教师可以通过工作站控制每个学生工位的交互式终端显示的内容；也可以进行操作前的演示讲解、典型案例讲解；还可以与任意学生工位建立互动，对于实训过程中的操作进行辅导。

学生工位：

实训教室为学生配置嵌入式实训终端，方便连接专业摄像机、特殊信号源等设备，该终端具备 HD-SDI、HDMI、VGA、网络等多种物理接口方式，能够接驳更多的信号源，同时该终端可配置触控屏幕，也能够实现与教师教学同步以及互动。

4. 互动平台设计

企业教师教学端和学生实训操作端，将实训室的录播主机的音视频输出信号直接接入到互动终端，通过网络发送给远方的学生端或者教师端，实现互联互动。同时在每个教室配备显示大屏，用于远端互动画面的显示和声音，实现在线实时互动教学，实现跨区域的互动 / 直播授课。

互动平台支持各类软件端的接入，包括电脑端（Windows 和 Mac OS）、手机端（iOS 和 Android）、智能电视端等均可通过软件客户端接入和实训室互动终端实现互联互通，实时音视频互动，拓展各类在线教学教研场景。

5. 评价设计

评价模块支持异地企业教师对相应实操学生进行全面评价，包括客观指标评价与主观评价，客观指标可由学校进行建立或者调整修改。最终通过评价模块进行教师评价的综合统计和分析；学生可以通过移动终端查看教师对自己的评价。

（五）预期效果

通过校企异地实训协同教学系统的建设，提高学校技能实训类课程的信息化水平，拉近企业老师与学校学生之间的距离，增强相关专业的建设，创新技能培训课堂的教学模式，提升年轻教师的教学能力，帮助学生更深入地掌握技能水平和操作能力。

1. 对于学生

帮助学生们相互交流，借鉴学习方法，可以通过回看老师的点评，回顾实践过程，从而发现自己的问题，一步步提升自我技能。

2. 对于教师

为异地企业教师提供了更灵活的教学方法，让企业教师与学校学生的沟通更及时有效，从而提高教学效率；为本校教师积累大量的实训教学素材，为后续的教研和教学提供丰富的资源。

3. 对于学校

提升相关学科的水平，积累技能实训资源库，创新实训课教学模式，提升相关专业的教学能力和水平。

(六)项目报价

系统名称	整体报价	备注
异地校企远程协同教学系统	37.6 万元	含企业端硬件建设

附件：硬件清单

(一)学校校内实训室硬件清单

网络要求：最好网络上行能达到 5 M，以保证直播交流互动畅通

序号	设备名称	主要配置及性能参数	数量
		焊接实训区域	
1	精品录播主机	①硬件一体化设计，单台设备完成视频录制、教师跟踪拍摄、学生跟踪拍摄、板书跟踪拍摄，同时支持直播、点播、远程互动、抠像、导播管理、存储、切换、视音频编码等功能 ②系统具备高稳定性和安全性，采用嵌入式 ARM+DSP 架构，主机高度≤ 1U，单板卡无风扇静音设计(非工控板 + 采集卡架构)，支持标准机架固定安装，100~240 V 宽幅电源供电，支持 7×24 小时长时间运行；内置嵌入式 Linux 操作系统 ③视频输入接口：支持≥ 6 路 3G-SDI 高清视频输入接口，可自动匹配与支持 720/25P、720/50I、1 080/25P、1 080/50I 信号模式，可接入会议级和广播级高清摄像机信号源。支持≥ 1 路 HDMI，和≥ 1 路 VGA 视频输入接口，作为教学电脑信号接入，可支持 720/50P、720/60P、1 080/50P、1 080/60P 等信号模式 ④视频输出接口：支持≥ 1 路 HDMI，和≥ 2 路 VGA 视频输出接口，均可支持到 1 080/60P 的显示模式。其中 HDMI 接口支持嵌入音频输出，能直接实时输出导切后最终合成画面，或手动置顶的任意一路通道画面；与此同时，VGA 接口可显示录播控制界面，也可一键切换到教师机 PPT 的输出画面，方便老师灵活使用 ⑤音频接口：支持≥ 2 路麦克输入凤凰端子接口，具备 48 V 麦克幻像供电；支持≥ 2 路 Line in 线路输入凤凰端子接口，和≥ 2 路 Line Out 线路输出凤凰端子接口；支持≥ 4 路音频输出(2 个 3.5 英寸音频输出)接口，可用于监听和输出到音频扩声设备 ⑥控制串口：支持≥ 1 路 RS485 和≥ 5 路 RS232 控制接口，可满足连接多台摄像机、导播台、中控主机等设备 ⑦ USB 接口：须提供≥ 2 个 USB 接口，支持连接键盘、鼠标用于本地导播；要求其中至少具备 1 路 USB3.0 接口，方便授课老师自己快速拷贝视频 ⑧网络接口：须提供≥ 1 路 RJ45 LAN 10 M/100 M/1 000 M 自适应网络接口；支持通过网络接口输入多路 IPC 摄像机信号源 ⑨主机存储：须提供≥ 2TB，可实现≥ 10 路码流实时存储能力；支持 H.264/AAC 的 MP4 视频格式，便于通过多种平台播放 ⑩应具备国家强制性 CCC 认证证书	1
2	嵌入式录播系统	①软件系统运行于 Linux 的嵌入式录播管理系统内部，出厂即安装在录播主机内；为了便于操作，录播主界面应可以实时显示录制状态、录制时长、剩余可录制时长、CPU 占用率等设备状态信息 ②软件性能：系统须支持≥ 9 路高清视频的实时预览显示、直播输出监视 ③支持本地导播、网络导播、手机导播等多种导播方式	1

续表

序号	设备名称	主要配置及性能参数	数量
焊接实训区域			
2	嵌入式录播系统	④本地导播：直接本地操作录播系统，支持全输入通道视频监看，视频切换、云台控制，音频调整，直播，录制控制；抠像效果，转场效果，双视窗效果，画中画效果，多视窗效果，添加字幕、校徽 LOGO、等功能，并在一个页面中显示 ⑤ B/S 架构网络导播：通过主流浏览器，使用网络方式登录主机，进行相关的操作；集视频监视，视频切换、云台控制，音频调整，直播，录制控制；转场效果，双视窗效果，画中画效果，多视窗效果，添加字幕、校徽 LOGO、等功能，并在一个浏览器页面中显示 ⑥手机导播：为了便于用户进行随时随地的导播，要求具备移动导播 APP，支持通过如手机、PAD 等终端进行控制。支持输出画面预览、通道景别切换、录制、暂停、停止、手动与自动切换等常用操作 ⑦导切模式：为了满足课程的录制，录播系统须支持手动、自动、半自动模式的导播切换方式 ⑧摄像机控制：录播系统须支持通过鼠标点击，实现摄像机云台方向调节控制，变焦倍数调整，亮度调整等摄像机控制功能，每路摄像机支持≥ 8 个预置位设置和调用 ⑨支持将系统导播功能融合到外接控制终端，如中控，专业导播控制台 ⑩课件触发：为降低系统操作复杂度，录播系统应集成自动导播策略。支持通过键鼠、激光笔等方式自动触发教师机的信号切换至主输出 ⑪视频特技：为了使录制下来的课程具有更多丰富的表现形式，需支持 24 种以上可选布局模式，并支持用户自定义设置，16 种以上转场特效，包含擦除、覆盖、淡进淡出等主流切换特效；支持在线添加 LOGO、字幕功能，需包含擦除、覆盖、淡进淡出等主流切换特效 ⑫录制模式：系统须同时提供单流单画面的电影模式和多流多画面的资源模式供用户选择，为了保留更多的素材，方便后期编辑，要求最多可支持 1+9 路 1 080P 音视频独立编码（1 路导播视频 +9 路资源通道视频），最终独立保存为 10 路视频；并支持对录制的高标清码率进行自定义调节 ⑬直播模式：录播系统须支持电影模式的直播功能，即单流的标准流媒体格式文件，支持高清流和标清流同时直播，直播分辨率在 1 920×1 080 ~ 960×540 可调，并支持对直播的高标清码率进行自定义调节 ⑭内置直播点播模块：录播系统应内置 LIVE 直播模块和 VOD 点播模块，支持≥ 30 个人同时观看直播或点播主机录像视频 ⑮视频下载模式：录播系统须支持本地下载和远程下载录像，方便用户不需要进入现场就能导出录播主机内的录像文件 ⑯后期编辑：为提高后期编辑效率，要求录播系统在录制时能同步记录镜头导切点信息，并生成用于后期剪辑的故事板文件；使用非编进行剪辑时，通过故事板文件将视音频素材一键导入到非编中，并参照这些信息快速完成镜头替换和剪辑	

续表

序号	设备名称	主要配置及性能参数	数量
		焊接实训区域	
2	嵌入式录播系统	⑰内置互动模式：系统须内置 MCU 功能，无须视频会议终端和 MCU 服务器的情况下即可实现多台录播主机之间的音视频在线互动；在互动教学中，为了更好地将教学课件（PPT）展示给互动端的学生，要求支持双流互动功能，支持将多分屏互动视频画面以及主讲端的 PPT 画面广播至每一个听讲端，每个听讲端可同时环出这两个画面 ⑱MCU 互动模式：录播系统须支持多种形式的远程互动，可以实现双师课堂、专递课堂、远程教研及多方会议等多种应用；支持标准 H.323 协议和 SIP 协议，系统可以作为视频会议终端，接入 MCU 服务器，实现多方、多地、大规模的远程互动应用 ⑲NTP 校时功能：录播系统须支持 NTP 服务自动校时功能，从而达到录播与校园内集控和平台整个系统的时钟同步 ⑳抠像功能：为满足情景教学应用，录播系统应提供虚拟抠像功能；支持纯色一键即时抠像功能；支持将单色、图片、PPT 或任意通道输入画面等作为虚拟背景使用，实现虚拟大屏效果；并可将抠像前景进行裁剪、缩放和移动等操作，在背景画面中任意区域显示 ㉑可选语音自动识别功能：录制完成后，录播系统可直接生成 SRT 字幕文件，保存到录播本地，方便拷贝导入到后期编辑系统，提高便捷性	
3	后期非线性编辑软件	后期制作： ①支持对视音频课件进行资源管理、素材导入、导出、剪辑、颜色处理、音频处理、特技叠加、字幕添加、多格式转码等功能 ②支持三维字幕制作，可快速制作三维饼图、柱图、翻牌等效果 ③支持视频的变速播放调整，能实现通过曲线快速调整视频快放、慢放、倒放、暂停等功能 ④提供前后期整体解决方案，支持 4 路以上的资源模式录制，录制视频可以快速导入到非编系统中（非拷贝模式），导入非编系统后自动生成相应的故事板文件，并根据录播的导切策略自动生成故事板切点信息 ⑤编辑视频支持余量调整，即用户在非编系统中可对任意切点做拖拽时码线，即可显示切换点之前或之后的视频画面，便于对各切点进行快速即时调整 ⑥支持场记标记显示功能，非编故事板文件中能显示录播系统中的场记标记点及信息，并可进行调整 ⑦支持视频颜色校正功能，能对视频整体、局部进行高、中、低亮部颜色调色，能利用 RGB 等颜色曲线调色 ⑧音频处理功能，支持音频降噪处理、回音延时处理、频率过滤处理、响度均衡等多种音频处理功能 ⑨为提高字幕制作效率，视频编辑系统应支持添加对白字幕，并支持将对白字幕输出满足为教育部视频公开课要求的 SRT 格式；为方便教师使用，视频编辑系统应提供大量的教育模板，通过简单地替换文字、图片和视频后，就可以作为课程的片头片尾或者字幕特技使用 ⑩后期非编系统必须与录播系统为同一品牌产品，以满足兼容性和互联要求	1

续表

序号	设备名称	主要配置及性能参数	数量
焊接实训区域			
4	高清云台摄像机	1/2.8 英寸 Exmor CMOS 传感器；240 倍变焦（20 倍光学，12 倍数字）； 支持全高清 1 080/60 到标清的多格式视频输出； 支持 HD-SDI，DVI-I 等高清视频输出接口； 精密蜗杆转动，定位精确，运行平稳； 支持 VISCA 等多种协议及多种控制接口，支持菊花链组网； 配多功能 IR 遥控器； 智能曝光功能有效解决投影、电视等设备对拍摄人物的影响； 支持桌面安装、吸顶安装、壁挂安装，吊杆安装四种安装方式，标配壁装支架，如需吊装请咨询商务吊装支架价格和下单方式	2
5	360°旋转摄像机吊装臂架	材质：锌铝合金。尺寸：250 mm×2 673 mm×1 504 mm。倾斜角度：−60~+20 度。旋转角度：±185 度。称重范围：2.5~6.5 kg。手臂 1 旋转角度：±90 度。手臂 2 旋转角度：±185 度。手臂倾斜：−55（down）~+25 度（up）。可控调节范围：671	2
6	教学互动终端	①采用纯 ARM 嵌入式架构设计，安全可靠无噪声，支持长时间开机稳定运行，适用于各类复杂教学环境，尤其是频繁断电的偏远地区。可对精品录播进行升级改造，实现互联互通功能 ②采用自动码率控制、音视频前向纠错、丢包自动重传等技术，在偏远地区网络不稳定的环境下依旧保证使用效果，网络丢包率达到 45% 的情况下能保证视频流畅传输，网络丢包率达到 90% 的情况下，语音依然清晰可辨 ③支持任意教室之间互动上课，支持课堂内容分享与媒体画面同时输出，符合课堂实际应用需求 ④根据教室内授课、听课身份自动输出画面内容，授课教室内自动切换教师全景、教师特写、板书画面，智能输出授课画面，保证最优课堂效果 ⑤内置 3A 级（AEC 回音消除、AGC 自动增益、ANS 噪声抑制）音频算法，支持 48K 音频采样和双声道立体声，统一处理优化教室内各类声音，清晰还原课堂人声 ⑥音视频传输采用超低延时传输协议，在满足视频清晰流畅不卡顿的情况下，根据网络不同质量等级和波动情况动态调节延迟效果。广域网环境下端到端传输延时低于 200 ms，人眼无感知，还原无延时面对面教学体验 ⑦终端可接收管理平台上的排课信息，以课表形式显示，上课时无论授课还是听课，教师只需点击课表信息即可进入云课堂 ⑧为授课教师提供简易辅助工具，实现课件共享、白板批注、教室互动、课堂管理等相关功能 ⑨视频输入输出接口：≥2 路 RJ45 接口，支持 POE“一线通”，用于 IPC 摄像机信号采集≥1 路 HDMI 接口：最大支持 1 080P/60，向下覆盖 1 080P/30，720P/60，720P/30，用	1

续表

序号	设备名称	主要配置及性能参数	数量
焊接实训区域			
6	教学互动终端	于采集数据流或摄像机输入； HDMI 输出≥2个(规格：1 080P，50/60fps)用于高清视频、音频输出；双屏异显；主流+辅流显示； ⑩音频输入输出接口：大卡农+大三芯(Mic in and Line in 2选1输入的复合接口，带48V馈电)2个双莲花头1个(1个左声道、1个右声道)HDMI Audio in 1个，HDMI Audio out 2个；HDMI out 1为主音频输出；HDMI out 2为次音频输出(优先级比HDMI out 1低)双莲花头1个(1个左声道、1个右声道)，RCA音频输出时，HDMI无声音输出；用于连接外置音频输出设备 ⑪≥2个USB3.0接口，≥2个RJ45千兆网口 ⑫具备硬件一键恢复出厂设置功能 ⑬外接电源：OUTPUT：48 V±5% /2.0 A INPUT：AC 100~240 V 50/60 Hz 1.5A Max ⑭支持手机或电脑客户端5个点接入视频会议 ⑮含3年公网视频互动服务费	
7	滤波电源时序器	网络型系统电源系列，带两级空开，60 A电流，双重净化，整机额定容量60 A，配置双极空气开关，业界领先的接地技术，保证系统的供电安全 >> 12路供电输出，每路输出AC220 V(10 A)采用万能插座，适用各种类型插头。其中6路更组合了16 A空调插座，适用于更大功率的用电设备 >> 40 A双重净化专用EMI滤波器(符合欧洲CISPR,美国FCC规范)净化系统电源(净化型)。消除系统间(特别是灯光系统的电磁干扰)保证系统工作稳定，对于音频系统提高音质也有明显作用 >>标准互联网控制接口，可通过局域网(也可以通过外网)实现强大复杂的电源管理需求，TCP/IP协议，RJ45接口，附带操作软件 >> MCU控制，真正智能化设计，具有多种控制方式和控制接口。满足系统集成要求 A、直接控制方式有：手动按键(时序开关控制)，全功能红外遥控 外部接口控制方式具有：标准RS232串口(IN/OUT)，继电器短路控制接口 >>为适应系统的集控要求，我们提供开放的串口通信协议，同时提供了一款功能灵活的PC机控制软件，使用PC机，通过因特网(有线或者WIFI)、RS232，对1台或者多台机进行编程控制，实现全局管理、分组管理、单台管理、单路管理、编程管理的强大功能 >>数码LED电压指示，具备超压和欠压警示功能，当电压高于245 V或者低于195 V时闪亮警示 >>可用红外遥控器对任意一路电源输出进行手动开关控制。可设定任何1路为常开模式(接定时器)，设置顺序工作时任一相邻两路之间开或关动作的延时时间。最长可达10分钟。满足一些特殊设备(投影机)的特殊要求。恢复出厂设置 >> 19英寸，2U标准机箱，铝合金面板 尺寸(宽×深×高)482 mm×290 mm×88 mm 重量 7.5 kg	1

续表

序号	设备名称	主要配置及性能参数	数量
焊接实训区域			
8	数字音频处理器	功能特点： ① DSP 音频处理，内置自动混音台，选配反馈消除，回声消除，噪声消除模块 ②输入：前级放大、信号发生器、扩展器、压缩器、5 段参量均衡、自动增益、闪避器等 ③输出：31 段图示均衡、延时器、分频器、限幅器 ④全功能矩阵混音功能 ⑤ USB 背景音乐播放与录制功能 ⑥支持 Windows，iOS 平台客户端 ⑦支持外接 RS232 控制 ⑧支持场景预设功能 ⑨断电自动保护记忆功能 技术参数： ①处理器：Ti 456MHz FLOPS DSP ②电源抑制比：80 dB ③信噪比：> 100 dB ④失真：0.03%@100 w，20 Hz~20 kHz ⑤模拟最大增益：51 dB ⑥模拟通道数：8 进 8 出 ⑦量化位数：24 bit ⑧采样率：48 k ⑨频率响应：（20 Hz~20 kHz） ±0.2 dB ⑩幻象电源：48 V ⑪最大电平（输入输出）：+24 dBu，平衡 ⑫等效输入噪声：≤ −131 dBU ⑬总谐波失真 + 噪声：< 0.002% @ 4 dBu ⑭输入阻抗（平衡式）：20 KΩ ⑮输出阻抗（平衡式）：100 Ω ⑯低噪：−90 dBu ⑰延时储存：2 s ⑱系统延时：3 ms	1
9	音箱	类型：6" 无源二分频全频音箱 前倒相设计 频率范围（−6 dB）：65 Hz~15 kHz 功率（额定 / 峰值）（AES）：80 W /320 W 灵敏度（ W / 1 m ）：88 dB 最大声压级（1 m）：113 dB	2

续表

序号	设备名称	主要配置及性能参数	数量
焊接实训区域			
9	音箱	阻抗：8 Ω 指向角度（水平 × 垂直）：80° × 60° 低音单元：8" 铁氧体单元 ×1，25 mm 音圈 高音单元：3"(75 mm) 双磁铁氧体高音 输入接口：输入接口：正负极接线柱 吊挂系统：6 个 M8，吊挂点 箱体材料 / 喷漆：15 mm 精选多层板 / 油性漆 尺寸（W × H × D）：217 mm×360 mm×198 mm 包装尺寸（高 x 宽 x 深）：465 mm×300 mm×515 mm	
10	无线头戴话筒	产品特点： 采用先进现代化的高频传输技术研发，不仅安全可靠，而且使用简便舒适，发射器和接收机都可以实现高品质的无线音频传输；优化的 PLL 合成器和微处理器技术；采用先进的噪声抑制方法；控制音频传输确保安全的静噪功能；自动选讯接收技术；30 MHz 开关带宽；可使用传输频道搜索功能；具有 ID 识别功能；发射器具有 120 MHz 的射频带宽；工作距离 300 m 接收机指标： ①接收机方式：二次变频超外差 ②中频频率：第一中频 110 MHz，第二中频 10.7 MHz ③无线界面：BNC/50 ④灵敏度：12 dBμV(80 dBS/N) ⑤灵敏度范围：12~32 dBμV ⑥杂散抑制：≥75 dB ⑦最大输出电平：+10 dBV 发射器指标： ①天线程式：腰包式发射器采用 1/4 波长鞭状天线，手持麦克风内置螺旋天线 ②输出功率：高频率 30 MW，低频率 3 MW ③杂散抑制：−60 dB ④供电：两节 AA DC 1.5 V 电池 ⑤使用时间：30 MW 时大于 10 小时，3 MW 时大于 15 小时	2

续表

序号	设备名称	主要配置及性能参数	数量
焊接实训区域			
11	反馈消除移频功放	功能特点：3U 机型，铝合金面板，表面拉丝工艺氧化处理；后板 4 路线路信号输入，2 路线路输出；设有话筒和音量锁定功能，为防止在 KTV 场合怕非专业人士随便乱调，起到保护作用。面板前面配有 3 个咪座输入，后板配有 2 个辅助咪座输入，1/5 咪座、2/4 咪座、3 咪座话筒大小声独立调节，话筒设有混响幅度、延时、次数、高频、低频调节；话筒信号高低频调节。音乐信号隐藏式调节旋钮有左右声道平衡调整、低音调整、高音调整。面板设有轻触按键开关控制电子开关模块切换四路线路输入信号，话筒音量旋钮和音乐音量旋钮。整机具有 DC 保护、短路 CSP 保护、过热保护功能。参数规格： ①有蓝牙，带遥控功能 ②话筒输入：5 路 ③面板材料：铝合金面板 ④音乐输入：四路，手动选择并显示 VCD、DVD、MP3、LD ⑤频响范围：20 Hz~20 kHz ⑥功率：220 WX2；阻抗：8 Ω； ⑦灵敏度：96 dB；信噪比：≥75 dB（A 计权）谐波失真：0.1% ⑧电源：AC-220 V~240 V/50~60 Hz ⑨尺寸：480 mm×380 mm×130 mm	1
12	监听耳机	佩戴方式：头戴式，频响范围：20 Hz~20 kHz，灵敏度：100 dB，重量：0.21 kg	1
13	显示器	屏幕尺寸：21.5 英寸，LED 显示器，最佳分辨率：1 920×1 080，屏幕比例：16 ∶ 9，LED 背光，支持壁挂。VGA 接口 1 个，HDMI 接口 1 个	1
14	交互电视机	电视类型：LED 电视，分辨率：K 电视，屏幕尺寸：65 英寸，屏幕比例：16 ∶ 9，颜色分类：子夜黑，能效等级：二级。含移动支架	2
15	电视机吊装	65 寸液晶电视挂架电视机吊装支架吸顶铝合金吊架伸缩旋转，1.5 m 升降型	2
16	非编操作台	单标准 19 寸机柜，2 000 mm×800 mm×750 mm 非编操作台	1
17	操作座椅	材质：网布，产品包装重量（kg）≥2.2，主色调：黑色，产品承重量（kg）：120，类别：网布电脑椅	1
18	交换机	24 口千兆交换机，可上机架	1
19	钢结构吊顶	材质：不锈钢角钢，喷黑。规格：30 mm×3 mm。根据现场环境定制吊顶。吊顶尺寸：8.5 m×6 m。用于固定 360 度旋转摄像机吊装臂架和电视机吊装。结实牢靠	1
20	线材	配套使用线材。含：3G-SDI 视频线，超五类网线，4 芯控制线，3×1.5 电源线，2×1.0 电源线，话筒线，USB 延长线，HDMI 线，VGA 线	1
21	集成费	安装及调试	1

续表

序号	设备名称	主要配置及性能参数	数量
喷绘实训区域			
22	高清云台摄像机	①1/2.8英寸Exmor CMOS传感器；240倍变焦（20倍光学，12倍数字） ②支持全高清1 080p/60到标清的多格式视频输出 ③支持HD-SDI、DVI-I等高清视频输出接口 ④精密蜗杆转动，定位精确，运行平稳 ⑤支持VISCA等多种协议及多种控制接口，支持菊花链组网 ⑥配多功能IR遥控器 ⑦智能曝光功能有效解决投影、电视等设备对拍摄人物的影响 ⑧支持桌面安装、吸顶安装、壁挂安装，吊杆安装四种安装方式，标配壁装支架，如需吊装请咨询商务吊装支架价格和下单方式	1
23	摄像机吊架	1.7 m摄像机吊架	1
24	交互电视机	电视类型：LED电视，分辨率：K电视，屏幕尺寸：65英寸，屏幕比例：16:9，颜色分类：子夜黑，能效等级：二级。含移动支架	1
25	电视机壁装支架	65寸液晶电视可伸缩壁装支架	1
26	线材	配套使用线材。含：3G-SDI视频线，超五类网线，4芯控制线，3×1.5电源线，2×1.0电源线，话筒线，USB延长线，HDMI线，VGA线	1
27	集成费	安装及调试	1

（二）企业教师演示部分硬件清单

网络要求：最好网络上行能达到5 M，以保证直播交流互动畅通

设备名称	主要配置及性能参数	数量
高清云台摄像机	①1/2.8英寸Exmor CMOS传感器；240倍变焦（20倍光学，12倍数字） ②支持全高清1080P/60到标清的多格式视频输出 ③支持HD-SDI、DVI-I等高清视频输出接口 ④精密蜗杆转动，定位精确，运行平稳 ⑤支持VISCA等多种协议及多种控制接口，支持菊花链组网 ⑥配多功能IR遥控器 ⑦智能曝光功能有效解决投影、电视等设备对拍摄人物的影响 ⑧支持桌面安装、吸顶安装、壁挂安装，吊杆安装四种安装方式，标配壁装支架，如需吊装请咨询商务吊装支架价格和下单方式	2

续表

设备名称	主要配置及性能参数	数量
教学互动终端	①采用纯 ARM 嵌入式架构设计，安全可靠无噪声，支持长时间开机稳定运行，适用于各类复杂教学环境，尤其是频繁断电的偏远地区。可对精品录播进行升级改造，实现互联互通功能 ②采用自动码率控制、音视频前向纠错、丢包自动重传等技术，在偏远地区网络不稳定的环境下依旧保证使用效果，网络丢包率达到 45% 的情况下能保证视频流畅传输，网络丢包率达到 90% 的情况下，语音依然清晰可辨 ③支持任意教室之间互动上课，支持课堂内容分享与媒体画面同时输出，符合课堂实际应用需求 ④根据教室内授课、听课身份自动输出画面内容，授课教室内自动切换教师全景、教师特写、板书画面，智能输出授课画面，保证最优课堂效果 ⑤内置 3A 级（AEC 回音消除、AGC 自动增益、ANS 噪声抑制）音频算法，支持 48K 音频采样和双声道立体声，统一处理优化教室内各类声音，清晰还原课堂人声 ⑥音视频传输采用超低延时传输协议，在满足视频清晰流畅不卡顿的情况下，根据网络不同质量等级和波动情况动态调节延迟效果。广域网环境下端到端传输延时低于 200 ms，人眼无感知，还原无延时面对面教学体验 ⑦终端可接收管理平台上的排课信息，以课表形式显示，上课时无论授课还是听课，教师只需点击课表信息即可进入云课堂 ⑧为授课教师提供简易辅助工具，实现课件共享、白板批注、教室互动、课堂管理等相关功能 ⑨视频输入输出接口：≥2 路 RJ45 接口，支持 POE“一线通”，用于 IPC 摄像机信号采集； ≥1 路 HDMI 接口：最大支持 1 080P/60，向下覆盖 1 080P/30，720P/60，720P/30，用于采集数据流或摄像机输入； HDMI 输出≥2 个（规格：1 080P，50/60fps）用于高清视频、音频输出；双屏异显；主流＋辅流显示 ⑩音频输入输出接口：大卡农＋大三芯（Mic in and Line in 2 选 1 输入的复合接口，带 48 V 馈电） 2 个，双莲花头 1 个（1 个左声道、1 个右声道），HDMI Audio in 1 个，HDMI Audio out 2 个，HDMI out 1 为主音频输出，HDMI out 2 为次音频输出（优先级比 HDMI out 1 低），双莲花头 1 个（1 个左声道、1 个右声道），RCA 音频输出时，HDMI 无声音输出，用于连接外置音频输出设备 ⑪≥2 个 USB3.0 接口，≥2 个 RJ45 千兆网口 ⑫具备硬件一键恢复出厂设置功能 ⑬外接电源：OUTPUT：48 V±5% /2.0 A INPUT：AC 100~240 V 50/60 Hz 1.5 A Max ⑭支持手机或电脑客户端 5 个点接入视频会议 ⑮含 3 年公网视频互动服务费	1

续表

设备名称	主要配置及性能参数	数量
无线领夹麦克风	腰包式无线麦克风套件包括腰包式发射器、接收器、全指向领夹式麦克风及配件。主要性能：采用数字音频处理技术的高品质音效，NFC 同步功能可用于快速方便的安全通道设置，真正的双调谐器分集，提供稳定的信号接收能力，自动增益模式下的音量控制功能，+15 dB 增益音量增强模式，可用于非麦克风音频，线路输入，提供通道内存，可用于两台发射器操作时快速切换接收器频率，发送到接收器的发射器频率，用于将多个接收器匹配到一个发射器，适用于监控的监听耳机输出，将接收器用作耳式监视器的监视器模式，可调静音功能，接收器输出电平控制，高可见度 OLED 显示屏，适用于室内外环境，电源 USB 接口 主要技术规格：接收器：接收类型为分集式，天线类型 1/4λ 波长有线天线（角度可调），频率响应 23 Hz 至 18 kHz（典型，UC、U、CE、LA、CN、E、KR 型号）、40 Hz 至 15 kHz（典型，J 型号），信噪比 60 dB（1 kHz 正弦波，5 kHz 调制），音频输出接口 3.5 mm 直径 3 极锁定迷你插孔，外部连接，监听耳机输出接口 3.5 mm 直径迷你插孔，显示器 OLED；腰包式发射器：天线类型 1/4 λ 波长有线天线，射频输出功率 30 MW/5 MW 可选（UC、U、CE、LA、CN 型号）、10 MW/2 MW 可选（J、E、KR 型号），薄膜类型驻极体电容，全指向型，输入接口 3.5 mm 直径 3 极锁定迷你插孔，频率响应 23 Hz 至 18 kHz（典型，UC、U、CE、LA、CN、E、KR 型号）、40 Hz 至 15 kHz（典型，J 型号），信噪比 60 dB（−60 dBV,1 kHz 输入）、102 dB（GAIN MODE 设置为 AUTO GAIN、最大）、96 dB（GAIN MODE 设置为 NORMAL、最大），显示器 OLED	1
录播拾音器（双麦套包）	套装包括 1 台主机和 2 只全向麦 主机参数： ①主机提供一个迷你卡侬头接口（迷你 XLR-3 母座），可接入一路有线主麦 ②主机提供一个级联麦克风输入网络接口，可级联接入一路有线从麦 ③主机提供一个数字化音频数据转发网络接口，进行线路输入、输出音频数据转 ④提供一个多功能接线盒，一端提供一个数字化音频数据转发网络接口，另一端提供多个线路输入、输出 3.5 mm 标准音频接 ⑤全频带全双工自适应回声消除技术 ⑥全频带动态自适应降噪技术，降噪电平最高达 18 dB ⑦智能混音和话筒优选技术 ⑧采样率 48 kHz，A/D 和 D/A、24-bit ⑨麦克风输入提供独立的音量调节旋钮 球麦参数： ①传感器类型：背极式驻极体电容极头 ②指向性：全指向 ③频响：50 Hz~20 kHz ④灵敏度：−44±3 dB ⑤额定输出阻抗：2.2 kΩ ⑥最小负载阻抗：1 kΩ ⑦信噪比：75 dB ⑧最大声压级：115 dB	1

续表

设备名称	主要配置及性能参数	数量
交互电视机	电视类型：LED 电视，分辨率：4K 电视，屏幕尺寸：65 英寸，屏幕比例：16∶9，颜色分类：子夜黑，能效等级：二级。含移动支架	1
交换机	24 口千兆交换机，可上机架	1
线材	配套使用线材。含：3G-SDI 视频线，超五类网线，4 芯控制线，3×1.5 电源线，2×1.0 电源线，话筒线，USB 延长线，HDMI 线，VGA 线	1
集成费	安装及调试	1

二、聚焦实践能力培养的实训基地建设

为推进重庆工商学校实习实训基地建设，推动校企深度融合，实施现代学徒制试点工作，按照“互惠互利、双方共赢”的原则，积极落实校企共建，不断改善实习实训条件，提高学生的实际动手能力，培养高素质高技能型人才，特制定《重庆工商学校关于校企合作共建校内外实习实训基地的办法》。根据该办法，重庆工商学校聚焦实践能力培养的实训基地建设具体内容如下：

（一）实训基地建设的思路

重庆工商学校首先成立了校企合作共建实习实训基地的管理领导小组，由主管副校长任组长，校企合作办公室、专业系、财务处、教科处、纪委负责人任管理领导小组成员。领导小组的主要职责是：负责校企合作共建实习实训基地的立项管理；负责校企合作共建实习实训基地的合同管理；负责组织校企合作共建实习实训基地的周期评估工作；负责校企合作共建实习实训基地终止时的审计、资产清理工作。

就实训基地建设细节而言，实习实训基地的建设要按照统筹规划、互惠互利、合理设置、全面开放和资源共享的原则，尽可能争取和专业设置相关的企事业单位合作，使学生在尽可能真实的职业环境中进行生产性实训和顶岗实习，努力提高办学的社会效益与经济效益。积极创造条件与企业合作，进行专业研究、技术开发、生产及新技术的应用推广等，努力把实习实训基地建设成为实践能力训练和专业素

质培养的实践基地，为培养技能型人才创造良好的学习条件和实践环境。校企双方共同承担“双师型”教师队伍的培养工作，要在教师进行实践锻炼、应用研究、技术开发、新技术的推广应用等方面发挥重要作用。合作企业符合现代学徒制遴选办法的要求，应是在工商、税务等部门正式注册的具有执业资格的企事业单位，技术力量能满足学生实训的要求，具有较高的合作诚信度，在生产、经营、管理等方面处于同行业领先地位。企业参与校内实习实训基地共建应符合学校办学定位和发展需求，符合实习实训基地基本设置条件，提供的设备和技术应达到较为先进的水平，并具有持续提供同类产业先进技术信息的能力。共建的实习实训基地能为学校相应专业的学生提供实习实训和教学的机会。

（二）实训基地建设的内容

重庆工商学校实训基地分为校内实训基地和校外实训基地，其建设注重理实一体化，开发图片、动画和企业生产现场以及实训基地演示视频、视讯环境、仿真软件、多媒体课件等，专业设备充足，拥有模拟电子实训室、数字电子实训室、维修电工实训室、单片机控制实训室、电子产品维修实训室、冰箱空调维修实训室、制冷与空调设备安装与调试实训室、户式中央空调安装与维修实训室、空调器制造技术实训室等 9 间实训室，生均设备达到 6 685 元人民币。

校内实训基地的合作共建方式主要有以下三种：一是采取“自建硬件，合建内涵”方式，引进企业标准、先进技术，新建或改、扩建校内生产性实习实训基地；二是采取“筑巢引凤、引厂进校”方式，学院提供场所和主要设备，吸引企业投入资金、技术和人员，共同建立校内生产性实习实训基地；三是采取“产教结合、企业运作”方式，学校提供场地、校企共同投入资金设备，采用企业管理，进行产品开发、生产与销售，学生参与生产过程，完成顶岗实习，培养职业素质。

校外实训基地的合作共建方式主要有以下两种：一是“不为我有、但为我用”方式，以“为企业储备未来技术骨干和提升学生实践能力”为双方的利益结合点，充分利用企业生产设备、技术和人员，与专兼职教师共同完成工学交替的课程教学和顶岗实习指导；二是“共建共享、培教结合”方式，学校在企业投入教学设备，提供教学与培训资源，合作建成集学生顶岗实习、生产性实训、职工培训与技能鉴定于一体的实习实训基地。

（三）实训基地建设的成效

借助优质的实训条件，提高了教学方式的真实性。重庆工商学校在与企业建立良好的合作关系时，可将企业正在研发或已经研发过的项目作为重庆工商学校学生实训操作的真实项目，提高了学生实训操作的真实性，在真实的实践操作过程中提高了学生对知识以及操作技能的掌握程度，并且在此过程中还使学生的人际交往水平得到显著提升，同时具备处理问题、创新操作技术的能力等。总的来说，实训基地的建设极大地满足了重庆工商学校制冷专业常规教学实训、对外培训、职业技能鉴定、技能大赛的需求，使重庆工商学校制冷专业成为具有引领示范作用的特色专业。

第六章 “双栖双培”教师培养机制

职业教育是一种典型的跨界教育，职教教师不仅要具备教育教学知识、专业知识，更需要技术技能的加持，因此，职教教师队伍的专业化建设成为职业教育“提质培优”工作的重点。解决职业教育课堂质量的关键在于师资的“双能建构”，基于此，重庆工商学校从2015年以来与大金空调（上海）有限公司开展“现代学徒制”的学生培养和“双栖双培”的师资培育的合作，构建了职业教育校企共建教学共同体的“双栖双培”教师培养模式，以横向联合开发技术为载体，以双向培养、双向兼职、双薪双奖为具体内容，以考核评价为反馈机制开展了实践。同时，为深入贯彻落实《国务院关于加强教师队伍建设的意见》（国发〔2012〕41号）要求，加快推动现代学徒制“双栖双培”教师队伍落地，服务区域中等职业教育质量提升，结合实际，重庆工商学校还制定了《重庆工商学校现代学徒制教师队伍培养实施方案》进行保障。

“双栖双培”是一种兼顾职业教育教师能力素质要求和校企双方利益的科学化教师成长模式。一方面，“双栖”即让教师和技师分别到企业和学校进行“兼职”，保证了教师成长环境的真实性和学习的深入性。从身份上来说，职业学校教师在学校中是教师的身份，在企业中兼职培训师的身份，按技能者、熟练者、高能者、卓越者、师匠五级进阶培训模式进行技能提升并逐级评定，纳入绩效考核；而企业师傅在企业中是员工的身份，在学校中兼职教师的身份，参照准教师、合格教师、优秀教师、骨干教师、教学名师五级递进培养模式进行教学能力培训并逐级评定。从功能上来说，学校教师兼职企业培训师能够真正参与到生产现场中去，在岗位实践和操作示范中将理论知识和实践技能融会贯通，补充学校教师在实践操作方面的短板；而企业师傅兼职学校教师能够在传授讲述中更加深入地对生产规范和操作要领进行反思归纳，不断提升自身的专业素质，同时也能带给学生更加鲜活可感的知识样态。另一方面，“双培”即学校和企业对教师进行“双向培养”，保证了职业教育教师的“双能建构”和全面发展。职业教育教师不仅要懂得课堂教学知识，更要有丰富的职场实践知识，因此，教师的培养不仅要聚焦于学校课堂，也要聚焦于企业生产，让教师既能在课堂中获得技术理论知识，也能在企业中获得技术实践知识。“双栖双培”实现了职业教育教师培养过程中的“双向流动”，是一种综合校企双方利益和优势、克服自身不足的“补短板”的有效互动，不仅能够加强校企双方的沟通交流，也能促进职业教育教师能力的有效提升。总的来说，“双栖双培”的职教教师培育模式是将学校和企业两主体置于同等重要的地位，以“双向换位”、互动流通为主要思路，通过一种横向联合技术，实现职教教师培养的能力贯通（如图 7 所示）。

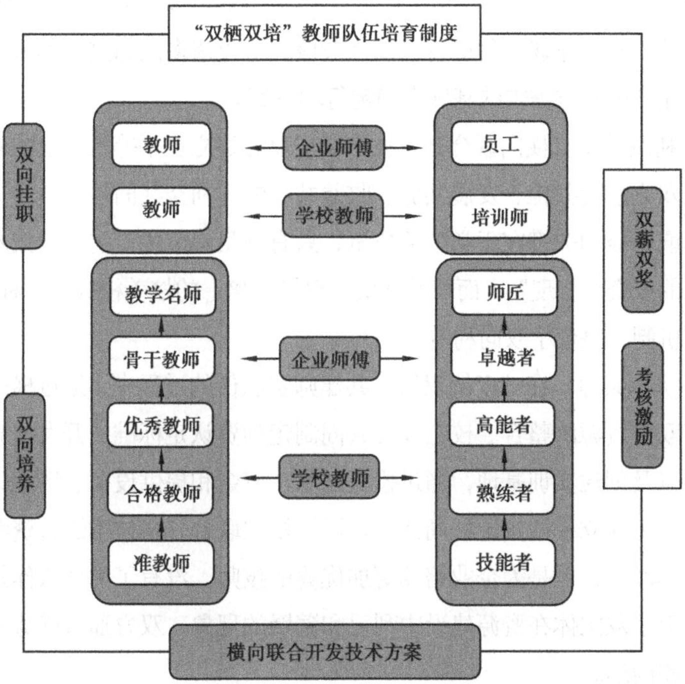

图 7 “双栖双培”的理论模型

一、整合双向利益的载体构建：横向联合开发技术

职业教育横向联合开发技术，从本质上来说是整个社会生产过程中建立在分工基础上的职业教育与经济、科技等领域的联合与合作[1]。横向联合开发技术更加关注共同发展、平等互利和取得实效等方面，因此，这种合作方式是一种尊重双方发展权益、整合双向利益的共生共长的校企合作新生态。重庆工商学校与大金空调（上海）有限公司开展校企合作，建立起了稳定的生产和教学联合体，在这个过程中实现了真正意义上的联合共生。

其一，话语权。话语权是确保主体表达自身需求和权力的基础，校企共建教学共同体进行教师培育的过程中通过横向联合开发技术保证了学校和企业的话语权。在这个过程中，通过会议研讨、交流讨论、主动协商等活动建立了平等的对话机制，针对双向培养、双向兼职、薪资待遇以及考核评价等诸多问题进行诉求表达和意见陈述，最后在考虑双方需求的基础上确定行动方案。

其二，利益共享。横向联合开发技术通过双方建立在平等基础上的联合互动关系形成校企双方权责共担、发展共促、收益共享的“利益共同体”。对于学校和企业来说，获取收益的关键在于学生的质量，只有满足岗位生产需求的技术技能人才能使双方的投资“变现”。而职教师资“双栖双培”的培养模式是一种双向互动、联合开发的机制，整合了双向利益。

其三，资源共建。在“双栖双培”共建师资队伍的过程中，通过横向联合开发技术实现了双方资源的整合。校企双方共同制定师资认定标准、开发培养方案、选择课程内容以及创建实训基地，通过投入技术、资金和提供设备、场地，双方在平等互惠的基础上建立了“资源共同体”。通过横向联合开发技术进行资源共建不仅是为学校培养教师，也是为企业培养更加优秀的技师，没有了为他人作嫁衣的疑虑和担忧，避免了双主体在资源建设中利己和猜疑的现象，双方通过优势互补实现了资源的整合和创建。

[1] 田建国．职业技术教育横向联合刍议 [J]. 枣庄师专学报，1990(01)：85-88.

二、支持教师职教能力结构完善策略：双向挂职

双向挂职主要是指学校和企业组织人员到对方单位的相应岗位进行挂职实践，以积累岗位工作经验来弥补自身工作中某些能力的不足[1]。双向挂职使得学校教师和企业技师能够获得“双经历”，并在此基础上实现理论水平和实践技能并进的“双素质”提升，不断完善职教师资的能力结构。

双向挂职是“双栖双培”的职教教师队伍培育模型中教师能力结构完善的有益实践。一个符合标准的职教教师应该具备一般能力（基本认知能力和系统学习能力）、特殊能力（职业教育、现场实践能力和育人能力）以及创造能力（技术开发与服务能力）[2]。这些能力的养成不仅需要理论的指导更需要实践的检验，不仅需要课堂环境更需要工作情境的双向熏陶和培育。根据工作场所学习理论，“教师学习的应有之义就是与工作切实相关的工作场所学习本身”[3]。双向挂职通过让企业师傅到学校担任教师、让学校教师到企业担任培训师这种“双向换位”方式，以具体可感的工作任务为引导完善职教教师的能力结构，使擅长理论知识和教学的学校教师能获得更多工作实践方面的经验，也能使擅长现场操作和实战演练的企业员工能在理论总结和反思中得到思想升华并在教学中得到锻炼。

从缓解工学矛盾角度来说，重庆工商学校和大金空调（上海）有限公司在进行双向挂职联合培养教师的过程中，克服了学校教师单向在企业挂职导致的学生人数和教师数量配备不协调的矛盾，通过双方人员的“双向流动”机制对学校和企业来说不仅缓解了教学压力和生产压力，对教师和技师来说更是缓解了“工学矛盾”。

从教师能力提升角度来说，双向挂职通过让获得教师资格的技师参与教学工作和让学校教师参与相应专业的岗位实践，能够实现企业技师向“教学名师”的和学校教师向“师匠”的进阶提升，进一步提升了学校教师的实践技能，同时也提高了大金空调（上海）有限公司能工巧匠的教育教学方法[4]。

从教师能力结构完善角度来说，学校教师到企业中挂职自身专业领域的工作岗

---

[1] 朱孝平．当前职校双师型教师培养的策略与方法评述 [J]. 职教论坛，2009(15)：4-6.

[2] 范建波．高职教育师资能力标准构建研究 [J]. 高等工程教育研究，2013(03)：149-153.

[3] 李嫣然，柳士彬．反向社会化视角下教师工作场所学习策略 [J]. 教育学术月刊，2021(04)：29-35.

[4] 王斌，姚刚，危亚平．高职“双师型”教师队伍建设的创新对策 [J]. 中国高等教育，2011(23)：48-49.

位，可以弥补实践技能不足的弊端，并且由于其具备较为全面高深的理论知识主要参与企业的新产品研发、管理改革以及技术创新等工作。企业技师在学校中挂职对应专业的实践课教师，通过与学校其他教师的沟通交流和观摩学习，了解更多的教育教学理论和方法，弥补在理论知识方面的缺陷。这样，教师通过双向挂职实现了自身能力结构的完善和能力水平的提升。

三、引导教师成长的导向性路径：双向培养

双向培养是“双栖双培”的职教教师队伍培育模型中教师成长的路径规划。首先，职业院校的教师在职业成长中通过教学实践和外界反馈进行自身能力的不断迭代升级，其成长路径往往要经历“准教师—合格教师—优秀教师—骨干教师—教学名师”等不同阶段，是其理论知识不断升华和教学经验不断丰富的过程。而企业员工在岗位工作中将曾经的理论付诸实践，在具体的工作情境和任务开展中操作技能愈加熟练，同时理论和实践的联系更加紧密，其成长路径往往要经历“技能者—熟练者—高能者—卓越者—师匠”等不同阶段，是岗位素质不断更新卓越的过程。这两条人才成长路径是在学校和企业两种不同环境中发生的，其人才素质各有所长也各有所短，而双向培养通过“换位”恰恰能够实现优势互补，使得学校教师得以深入生产现场洞悉操作全貌，也使得企业员工在职业成长中不仅能知其然更能知其所以然。其次，双向培养使得培育出来的职教教师能获得系统全面的知识体系，更加有利于职教教师队伍的标准化建设。对于教师来说，无论其目前处于哪个阶段，当其在企业中接受培养时都要和企业员工一样经历由低级到高级的成长过程，这种循序渐进的成长方式能够使得教师获得更加扎实的知识和技能。反之，对于企业员工来说也是如此。最后，双向培养是企业员工和学校教师取长补短，在理论指导实践、实践验证理论中进行的螺旋上升过程，能够在不同学习环境中体验知识的生成和技能的习得，真正促进个体的不断反思和进步。

对于职业院校“双师型”教师的培养已经做了大量的理论构建和实践探索，但是目前流行的诸如讲座、交流会、研讨会、学术论坛等培训方式并不能使教师的理

论水平和实践技能同步并行地提高[1]。而双向培养是一种取长补短的“互补式”教师培养模式，能够使得学校教师在企业学习实践中更加明晰专业技术的实际应用以更好地对学生进行指导教学，使企业技工在接受学校的培养培训后能够以更加科学有效的方式将实践技能传授给学生。

具体来说，一方面，学校教师和企业技师进行“角色互换”，实现新的“身份认同”。学校教师到企业去定岗实操，以解决教学科研中的实际问题、提升自身教学能力水平为目标，在生产一线了解企业生产工艺、岗位标准以及新技术、新材料等生产动态；而企业技师或技术员到学校参与教学事务，进一步学习专业文化知识和教育教学知识，实现实践到理论的转化和深化。这种“角色互换”既使教师具有学校教师和企业员工的双重角色，也能让学校教师在企业承担任务的过程中获得学习实践机会，让企业技师在学校教育教学中提升理论水平。另一方面，通过以身份等级进阶为基础的能力提升路径来提高教师水平。学校和企业联合确定不同等级水平的教师培养方案，大金空调（上海）有限公司的技师在学校中按照“准教师—合格教师—优秀教师—骨干教师—教学名师”的能力水平完成相应培训课程，实现身份认定获得相应的教师资格，而学校的教师到企业中通过“技能者—熟练者—高能者—卓越者—师匠”的进阶过程参与企业中的实操训练和岗位学习。这种“双向培养”实现了教师队伍建设中学校和企业的双向参与，使得教师培养融为一体。

四、激励教师成长的激励机制：双薪双奖

双薪双奖是指校企双方在保留两边员工原本岗位的情况下，根据学校教师和企业技师的职称、岗位、经验、教学内容等具体情况进行综合商定后为员工在兼职岗位的工作按劳动发放薪资和奖金[2]，以此起到调动教师和技师参与教师队伍建设积极性的作用，是职教师资“双栖双培”人才培养模式运行的动力源泉，是教师培育的激励机制。具体来说，双薪双奖是双向兼职的一种配套激励机制，主要是通过增加薪水和奖金的激励手段，发挥激励功能来调动教师参与“双栖双培”

[1] 温潘亚．新建本科高校应加强双师型”师资队伍建设 [J]. 中国高等教育，2017，(Z3)：63-65.
[2] 周燕妮．职业本科校企互聘兼职教师机制研究：以 QZ 职业技术大学为例 [J]. 才智，2021(1)：81-83.

活动的积极性，从而实现整个项目本身的整体功能[1]。从某种意义上来说双向兼职能够满足个体获得自我成长和完善的心理需求，是一种精神激励；但是人类对物质的需要往往是第一需要，是人们从事一切社会活动的基本动因[2]，因此，只有让学校教师和企业员工在兼职过程中也获得物质奖励，才更能激发个体参与的积极性和主动性。

重庆工商学校和大金空调（上海）有限公司在师资联合培养过程中采取了双薪双奖方式，即教师到企业实践、企业师傅到学校上课均享受学校、企业的双重待遇，学徒生出师考试合格，对学校教师和企业师傅进行奖励，合格 1 人给予企业师傅 1 万元，在评优评先活动中予以优先考虑，调动了教师和技师的参与积极性和主动性。一方面，让教师和技师更积极自觉。对教师和技师来说，双薪双奖不仅是对劳动成果价值的肯定也是更加直接的奖励方式，可以让参与者在薪资的奖励下更加愿意付出劳动。双薪双奖通过优秀资源向优秀人才倾斜的方式，使得教师和技师在学习和工作中更加积极主动。从某种程度上来说，通过双薪双奖能够使得教师和技师更加关注学校和企业的发展效益，在今后对学生的教育教学中付出更多的精力。另一方面，让学校和企业的参与更加投入。对于学校和企业任何一方来说，如果对方员工到本单位兼职自己不需要付出报酬，这个过程便是一种“额外的”“附加的”人力投入，由于没有利益“损耗”便不会对其更加重视和关注。而一旦需要对其劳动成果发放相应的报酬，双方便会考虑到自身的发展效益，对兼职人员进行更加全面、认真的教育培训，让其能够更加胜任岗位工作任务，争取创造更多的利益。

五、形成教师培养的反馈机制：考核评价

评价并不是为了惩罚评价对象或者制造麻烦，也不是为了将教师划定出 A、B、C 的等级，而是为了通过提供一种更加准确的反馈来促进评价对象的学习和发展[3]。职教师资“双栖双培”模式中科学合理的考核评价不仅可以大大地提高教师

[1] 孙绵涛．教育现象的基本范畴研究 [J]. 教育研究，2014，(9)：4-15．
[2] 金英姬，李秀然．员工激励与企业发展之间的博弈分析 [J]. 学术交流，2008(3)：105-107.
[3] 周文叶．教师评价：评什么和怎么评——访斯坦福大学李·舒尔曼教授 [J]. 全球教育展望，2020，49(12)：3-12.

的工作效率，也是一种良性的能力等级认定和反馈提升机制，能促进职教师资队伍的优质化发展[1]。一方面，考核评价的本质目标是实现对象的优化[2]，“双栖双培”的职教教师队伍培育模型中通过对合作对象的考核来让双方主体不断调试自身参与的角色，最终实现职教教师队伍的不断优化和提升。另一方面，考核的功能价值在于形成一种激励机制，通过对对象的评价反馈让教师产生一种成就感、胜任感的心理感受，让教师在审视学习现状的基础上更进一步。

2020 年发布的《深化新时代教育评价改革总体方案》指出在教育评价中要“改进结果评价，强化过程评价，探索增值评价，健全综合评价”，是重构教师评价体系的总体思路[3]。重庆工商学校和大金空调（上海）有限公司在“双栖双培”的教师队伍建设过程中通过对教师和技师的学习工作进行考核评价，形成了一种正确的发展导向，引导教师的理论和实践水平并行提升。从纵向来说，主要涉及过程性评价、终结性评价、项目后评价[4]，做到对教师的全过程监督、考察和反馈。从横向来说，主要涉及思维评价、实践评价和情感评价三个方面[5]，这是纵向评价中每一个阶段的具体考核评价内容和方式。思维评价主要是考核教师和技师在培养培训中是否掌握了对一个知识点“应该怎么教”，即能否对向学生教授知识点进行完整思考，这一评价过程主要通过演练陈述来实现；实践评价主要是考核教师和技师在课堂教学中“如何去教”，即能否将自己的“教学构想”在特定情境中发挥出来，这一评价过程主要通过观看教师上课视频或课堂现场观察来实现；情感评价主要是考核教师和技师能否“正确地教”，即是不是能够合乎道德地、富有耐心地、公平公正地去教，这一评价过程主要是学生“受众”的体验性评价。

总之，重庆工商学校以现代学徒制“双栖双培”教师队伍培养机制为牵引，依据“能说会做”的“双师型”教师成长的规律，坚持机制约束与激励相结合，

---

[1] 王慧，施志刚．高职院校“双师型”教师队伍培养的困境及其破解 [J]. 现代教育管理，2018(11)：113-117.

[2] 吴南中．职业教育校企合作评价制度的价值、维度与策略 [J]. 教育与职业，2016，867(11)：10-14.

[3] 王鉴，王子君．新时代教师评价改革：从破“五唯”到立“四有”[J]. 中国教育学刊，2021(6)：88-94.

[4] 朱旭东，宋萑．论教师培训的核心要素 [J] 教师教育研究，2013(3).

[5] 周文叶．教师评价：评什么和怎么评——访斯坦福大学李·舒尔曼教授 [J]. 全球教育展望，2020，49(12)：3-12.

大力实施五级递进培训模式，进一步建立健全绩效考核激励机制，通过双聘、双培、双评等有效途径，全面搭建校企沟通平台，力争全面筑牢职业认同、教学能力、实践能力等教师核心素养根基，全面增强教师双向归属感和幸福感，切实实现外向“输血”和内向“活血”，努力提升中等职业学校教育教学质量和服务社会能力。

第七章　“三师五岗”实践教学方法

基于“一核多能”人才培养需要，依据人职匹配、职涯发展理论，结合技术技能人才成长规律，重庆工商学校以现代学徒制的理念为引领，在以往职教界“二师三岗”的基础上，增设了“一师二岗”，率先提出了“三师五岗”的育人理念。即组建学校教师、企业内训师傅、企业岗位师傅“三导师”。同时，“三导师”依托识岗、试岗、轮岗、定岗、顶岗“五岗位”对学生进行岗位能力递进培养与职涯指导，构筑了学徒职业知识、能力、素养等关键要素的上升阶梯，擘画了高素质技术技能人才的成长路径，有助于学徒成为拥有一种岗位核心技术，同时具备多岗位操作能力的高素质技术技能人才，以适应企业提质量、创品牌的需要（如图 8 所示）。“三师”培养、“五岗”递进，是对教育部“双师”“三岗”的拓展与延伸，对践行岗位成才，培养“一核多能”的技术技能人才有重大现实意义。2018 年 10 月，《中国教育报》对现代学徒制的“三师五岗”教学改革与实践作了专题报道。

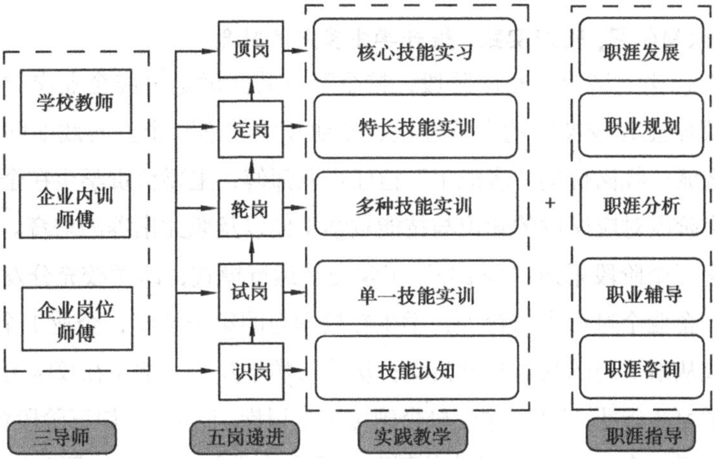

图 8　“三师五岗”实践教学方法

一、“三师”培养

“三师”培养是指校企双方依据专任教师标准和企业师傅标准确定学校教师、试岗轮岗师傅、定岗顶岗师傅“三导师”，并对学生进行递进式培养。

学生在校学习期间，校企双方共同确定对应企业岗位的专业教师主要负责学生在校期间的专业理论、专业技能教学和企业实践期间的管理工作；企业选派一线岗位的“多能工”担任企业师傅，主要负责学生在企业识岗、试岗、轮岗阶段对应岗位的知识与技能教学工作以及职业素养的培育。即：学生在校学习的第一、二学期，企业 1 个月安排 2 名师傅到校从事 1 周的教育教学活动；从第三、四学期开始，学生在校学习 3 个月，再到企业学习 3 个月；第五学期学生跟随企业师傅在特定岗位进行定岗学习，重点掌握该岗位的核心技术；第六学期学生在企业师傅的指导下，逐步完成特定工作岗位的顶岗操作；顶岗学习结束后，学生接受对应岗位的学校专任教师和企业师傅共同组织的出师考核，考核合格的学生既拥有一种岗位核心技术又具备多岗位的操作能力，技术水平基本达到企业岗位技术能手的要求。

二、“五岗”实践

“五岗”实践是指“三导师”依托识岗、试岗、轮岗、定岗、顶岗等对学生进行递进式培养，使学生成为“一核多能”的高素质技术技能人才。

（一）试岗学习，轮岗实践，提升学生多岗位技能

学生在识岗、试岗、轮岗阶段，校企双方共同确定对应企业岗位的专业教师主要负责学生在校期间的专业理论、专业技能教学和企业实践期间的管理工作；企业选派一线岗位的“多能工”担任企业师傅，主要负责学生在企业识岗、试岗、轮岗阶段对应岗位的知识与技能教学工作以及职业素养的培育。在识岗、试岗、轮岗三个阶段采用“12133”工学交替运行模式，即学校充分发挥企业的主体作用，企业全过程参与育人，学生在校学习的第一学年，企业 1 个月安排 2 名师傅到校从事 1 周的教育教学活动；从第二学年开始，学生在校学习 3 个月，再到企业学习 3 个月，交替进行。校企确定了从识岗、试岗、顶岗三阶段育人途径。学生在校的第一年，主要学习公共基础课程和专业核心课程；同时通过企业师

傅每月到校授课，学习企业文化、环境卫生安全以及一门需长期训练的岗位核心技术技能（钎焊技术），还通过企业提供的道场和到企业参观学习等方式，让学生认识岗位——识岗；第三、四、五学期，学生在学校主要学习专业方向课程，学生在企业师傅的带领下，以三个月为周期在不同的技能岗位上操作——试岗，主要在钎焊技术、设备保全、涂装等三个岗位学习；第六学期，学生能独立在工作岗位上操作——顶岗，导师根据学生在轮岗过程中对钎焊、设备保全、涂装三个岗位的学习情况进行评价，确定定岗工位。

轮岗时间及内容安排表

项目	时间	内容
钎焊	每轮1个月	①企业师傅在道场对学生进行复试，获得岗位认证后安排进入生产线进行实训 ②每一个月换10位同学进行轮岗
涂装	每轮1个月	轮岗生产线的具体运作过程、各环节工作控制原理、保养环节、操作环节、维修环节
设备保全	每轮1个月	轮岗生产线的具体运作过程、控制原理、保养环节、维修环节

定岗时间及内容安排表

项目	时间	内容
钎焊	2个月	①企业师傅根据轮岗后学员考核的成绩确定优秀的徒弟 ②再次对钎焊岗位的线上认证，确定其技能等级进行钎焊定岗操作
涂装	2个月	①涂料的基本知识、颜料和树脂、粉末涂料 ②喷枪的结构使用和维护、压缩空气供给系统 ③不良品打磨、粉末涂装设备简介、自动和手动涂装、良品检测标准
设备保全	2个月	①定岗生产线设备的控制原理、保养方法、维修方法 ②电机传动控制、气动控制、液压控制、机械联动、传感器的应用及检修

顶岗时间及内容安排表

项目	时间	内容
钎焊	5个月	①对定岗中优秀学员以“习熟者”的身份进行钎焊顶岗操作 ②担当操作核心焊接位置，确定师徒制改革成果
涂装	5个月	①顶岗生产线设备的控制原理、保养方法、维修方法 ②自动和手动涂装，不良品打磨，良品检测标准

续表

项目	时间	内容
设备保全	5个月	①顶岗生产线设备的控制原理、保养方法、维修方法 ② PLC控制生产线的运行（程序下载，小程序的编写）、电机传动控制、气动控制、液压控制、机械联动、传感器的应用及检修 ③设备维护的预案保全

学生在校学习期间，主要采用“理实一体化”教学模式，完成专业核心课程的学习以及识岗任务。为了提高学生企业实践教学的有效性，学生进入企业后，主要采用“五真五动”的企业实践教学模式完成多岗位（轮岗）的技能学习实践。“五真”，即师徒关系真，生产环境真，工作岗位真，生产过程真，实践作品真；“五动”，即动眼观察、动心感受、动口询问、动脑思考、动手操作；“五真五动”企业实践教学法，改写了国内职教界尚无企业实践教学法的历史。通过两年时间识岗、试岗、轮岗的学习实践，学生熟知企业生产的所有流程，掌握每个岗位必须具备的知识和技能，能够进行多岗位、多工序的操作，满足企业个性定制、柔性化生产对“多能工”的需求。同时，学生通过试岗、轮岗阶段找到自身技能水平与岗位能力的对接点以及适合自身发展的企业岗位，为学生今后的定岗以及顶岗打下坚实的基础。

（二）定岗培养，顶岗实践，掌握岗位核心技术

学生通过识岗、试岗、轮岗三阶段的学习实践后，进入定岗、顶岗阶段的学习实践。校企双方共同确定对应企业岗位的相关专业专任教师，主要负责学生在企业实践期间的管理；企业选聘企业技术能手、技能大师担任学生的企业师傅，主要负责学生定岗、顶岗阶段对应岗位的技能提升以及学生职业素养的提高。即：第五学期学生跟随企业师傅在特定岗位进行定岗学习，重点掌握该岗位的核心技术；第六学期学生在企业师傅的指导下，逐步完成特定工作岗位的顶岗操作。顶岗学习结束后，学生接受对应岗位的学校专任教师和企业师傅共同组织的出师考核，考核合格的学生既拥有一种岗位核心技术又具备多岗位的操作能力，技术水平基本达到企业岗位技术能手的要求。

（三）“三师”培育，“五岗”递进，提升学生职业素养

我们在注重提高学生职业技能水平的同时，更加注重学生职业道德、职业品质、职业精神等职业素养的培育。在识岗阶段，着重在对学生进行企业制度与企业文化的教育，让学生认识职业，深入职业，感受职场氛围，初步树立职业意识，完成职业角色的定位。在试岗、轮岗阶段，加深学生对职业岗位的认识，着重培养学生爱岗守责、团结协作、敬业奉献等职业素养和职业态度。在定岗、顶岗阶段，学生在向企业技术能手、技能大师们学习岗位核心技术的同时，感悟企业师傅们的成长经历，学习师傅们精益求精、追求卓越的“工匠”精神。通过“三师”的言传身教以及“五岗”的切身感受，学生入职前就积累了丰富的工作经验，完成了职业素养的递进提升，为从“自然人”到“职业人”的转变做足了准备，为未来的职业生涯奠定坚实的基础。

三、职涯指导

通过“三师”教育，“五岗”递进，合理规划学生职业生涯，不断提升学生职业素养。在识岗阶段，让学生认识职业，接触职业，感受职场氛围，初步树立职业意识。在试岗、轮岗阶段，培养学生的爱岗守责、团结协作、敬业奉献等职业素养和职业态度。在定岗、顶岗阶段，感悟师傅们的成长经历，学习他们那种精益求精、追求卓越的职业追求。通过“三师”的言传身教以及“五岗”的切身感受，学生在就业前就积累了丰富的工作经验，逐步提高了自身的职业素养，为从“自然人”到“职业人”的转变做足了准备。

第三篇

辐射影响篇

DI SAN PIAN FUSHE YINGXIANG PIAN

第八章 校内应用成效

重庆工商学校经过三年努力，整合校企资源优势，建立一套完善的涵盖人才培养全过程的教学运行标准体系，打造一支优秀的结构化“双师”教学团队，搭建一套适合异地校企协同教学系统，创新教学模式，构建具有现代学徒制特色的人才培养模式，基本形成“政府、企业、学校、学生”四方成本分摊的长效机制，为市内外中等职业学校现代学徒制人才培养提供了可复制、可推广的有效解决方案，并通过 2 年以上的推广应用、扩大影响，进一步促进了产教融合、校企合作。

一、专业建设能力显著增强

制冷和空调设备运行与维护应用专业开办于 2003 年，是重庆重点特色专业。目前在校学生 800 余人，专兼职教师 67 名，其中，重庆市中专研究员 2 名，重庆市特级教师 1 名，重庆市名师 1 名，专业带头人 2 名，区级以上骨干教师 8 名，高级讲师 26 名，讲师 32 名，双师型教师占比 85% 以上。

在品牌专业增设方面，重庆工商学校试点专业获批国家改革示范重点建设专业、省级高水平骨干专业、优质专业建设单位，校内应用专业建成国家级重点建设专业、省级重点（特色）专业等 15 个，新增省级现代学徒制专业 2 个；省级智能制造公共实训基地、虚拟仿真实训基地等 6 个；省级中等职业教育精品在线开放课程 3 门，分别是“汽车发动机构造与拆装”“建筑工程测量”“电子技术基础与技能”。此外，重庆工商学校将电子技术应用专业现代学徒制试点工作的经验向校内其他专业推广，各专业积极联系合作企业并开展试点工作，形成了良好的校企合作关系，例如，重庆工商学校计算机专业与巨蟹科技有限公司开展现代学徒制试点工作，机械专业与爱登堡电梯有限公司开展现代学徒制试点工作，均产生了一定成效。

在系列标准与考核平台创建方面，电子技术应用专业根据企业的岗位能力需求，校企共同制定了《校企合作一体化人才培养方案》以及电子技术应用专业教学标准、课程标准、核心岗位标准、专任教师标准、企业师傅标准、实训基地建设标准、质量监控标准、教材编写实施标准、课程教学质量监测标准；同时，为了推进“三师五岗”人才培养质量的有效性考核评价，本专业还与重庆树德科技有限公司合作开发了学生实训考核平台，对学生进行信息化测评，并获得全国发明专利，提高了专业贡献力。

在课程体系建设方面，重庆工商学校通过深入合作企业进行人才需求调研，获取大量数据，形成了人才需求调研报告，聘请职教专家和行业企业的技术能手开展典型工作任务分析，根据典型任务分析结果，进行归类、总结和分析，形成由公共基础课程、专业核心课程、岗位能力课程、专业拓展课程等组成的课程体系；依据课程内容与要求，校企共同开发了“电子技术基础与技能”“电工技术基础与技能”2门课程的数字资源，其中含教案、PPT、微课、视频、动画、仿真等；近年来，重庆工商学校高度重视并积极推进省级“课程思政”示范项目的申报与建设，涌现了一批如“建筑工程测量”“电子技术基础与技能”等省级课程思政示范课程。

在教材开发方面，依据课程标准，校企共同编写了《钎焊技术》《涂装技术》《设备保全》等6门课程教材，建立了5门课程试题库；在校本教材的开发研究中，重庆工商学校按照课程改革精神，深入学习，转变观念，积极探索，大胆实践，在此基础上编写了《空调生产设备保全基础与技能》《安全环境》《空调钎焊技术》《大金文化》《品质基础》《空调涂装技术》6本校本教材，力求形成一定的学校特色。

二、人才培养质量稳步提升

重庆工商学校人才培养质量显著提高，学校毕业人才专业水平和业务能力显著提升，能够顺利在各技能竞赛中脱颖而出。

在操作技能（技能大赛获奖情况）方面，校内应用专业学生获全国职业院校技能大赛一等奖23项，二等奖46项，省级一等奖210项；2021年，学生技能大赛一等奖数量列全国第四，重庆工商学校成为重庆市技能大赛成绩最好的中职之一。试点专业学生获全国职业院校技能大赛一等奖7项，二等奖13项，省级一等奖30项，列中西部第一。其中，江雪在大金公司（中国区）技能比武中获得金奖。

在学习成果方面，毕业生三证书（毕业证书、职业技能等级证书、出师证书）获取率达 100%，就业稳岗率从 67.1% 上升到 99.5%，用人单位满意率 99.7%，核心技能岗位占比 36.2%，试点班学生上手快，岗位适应能力强，从业后迅速成为企业的"多能工"和技术骨干，满足了企业个性化定制、柔性化生产需求，成为企业增品种、提品质、创品牌的生力军，平均月薪达 5 968 元人民币。据统计，通过"三师五岗"培养出来的毕业生，就业满意率和稳定到岗率均在 96.6% 以上，企业满意率高达 98.3%，同时有 31% 的毕业生迅速成长为企业的技术（生产）骨干和基层管理人员；2014 级江雪同学参加松下集团全球 QC 比赛获得金奖，并成为松下（上海）有限公司的技术部部长；重庆工商学校与大金空调（上海）有限公司合作培养的学生（学徒），毕业后全部通过大金空调（上海）有限公司的员工聘用考核，缓解了公司的用工需求，月工资均达到 5 000 元人民币以上。

在成果应用方面，重庆工商学校成果应用成效显著，在渝、黔、川、皖等 12 省 67 所中职学校制冷等电类专业应用，受益学生 6.8 万人。具体而言，成果在改革实践与推广应用期间，为格力空调（重庆）有限公司、松下微波炉（上海）有限公司、长虹电器等企业培养并输送了上千名具有"一核多能"技术技能的学生，为推动合作企业的可持续发展注入了新鲜血液和强大动力，彰显了专业服务力。

在创新创业方面，重庆工商学校与大金空调（上海）有限公司、四川快益点电器服务连锁有限公司、格力电器（重庆）有限公司等知名企业已经合作有八年以上的时间，已形成专业与产业、教学与岗位的无缝对接，真正实现专业与产业的紧密结合，为学生的创新创业打下了坚实基础，创业率从 3.5% 上升到 12.8%，发明专利 15 项。

三、双导师专业能力明显提高

重庆工商学校双导师职业能力显著提升。学校教师教育教学能力明显增强，专业水平和技术研发能力全面提高，专业课程教学方式创新能力全面提升，教学针对性和有效性显著增强。教师吸收教育新理念，形成并提炼自己独特的教学风格，体验到职业教师的责任感和荣誉感。教师具备企业化的职业素养和积极参与技术项目、社会服务，从而培养出一批符合职业需求、突出实践能力的优秀教师。

在专业技能方面，校内应用专业教师获全国职业院校技能大赛奖 38 项，新增高级“双师型”教师 46 人，省级课程思政教学示范团队 3 个；试点专业教师多次在全国职业院校信息化大赛、全国中等职业学校“创新杯”教师信息化教学设计和说课大赛等各级各类比赛中获奖，在全国职业院校技能大赛获奖 14 项，获省级一等奖 13 项；师生参加重庆市各级技能竞赛获 15 枚金牌，在全国技能竞赛中获 7 金 5 银。

在教学能力方面，通过基于现代学徒制“三师五岗”的教学改革与实践，极大地提升了教师的教学能力和水平，新增特级教师 1 人，高级“双师型”教师 12 人，高级技师 13 人，省级技能大师工作室 1 个，省级课程思政教学示范团队 1 个；47 名企业师傅获评大金公司全球“技能指导者”和“蒲公英讲师”称号。

在科研水平方面，《印制电路板设计与制作》被评为国家“十二五”规划教材，在全国中职学校中推广使用；专业教师开发了 18 门专业教材，其中《制冷与空调设备安装及维修》被教育部评选为首批国家改革创新示范教材，《汽车发动机构造与拆装》《电子技术基础与技能》《建筑材料》《汽车维修基本技能》获“十三五”职业教育国家规划教材；出版《设备保全》《涂装技术》等 6 本教材，其中职业教育规划教材 3 本。另外，重庆工商学校教师积极开发“企业文化”“钎焊技术”等课程标准 6 门；承担“现代学徒制新形态一体化教材建设的实践研究”等省级重点课题 5 项；发表《异地校企远程协同推进现代学徒制的实践探索》《校企异地背景下“远程协同”的现代学徒制理论框架与实践路径》等论文 102 篇；获批国家级职业教育教师教学创新团队立项建设单位 1 个，申请发明专利 12 项。

第九章　全国示范作用

一、多渠道宣传、交流、分享经验，获得广泛关注

重庆工商学校成果首创的“异地协同”现代学徒制人才培养新理念、原创的“三师五岗”实践教学新方法、创构的中职制冷专业现代学徒制人才培养标准体系，有效纾解了制冷专业现代学徒制人才培养过程中的难点问题。理论和实践成果丰硕，在全国产生了重大影响，发挥了示范、辐射、带动的作用。为进一步贯彻落实“探索中国特色学徒制，大力培养技术技能人才”重要指示积累了实践经验。

具体而言，在校内推广方面，成果形成后，重庆工商学校首先在校内汽车运用与维修、数控加工技术这两个专业中推广应用，取得了显著效果，提高了这些专业的建设能力；校内推广应用专业学生获全国职业院校技能大赛一等奖 23 项，二等奖 46 项，省级大赛一等奖 210 项；建成国家级重点建设专业、省级重点（特色）专业、省级骨干专业等 15 个，新增省级现代学徒制专业 2 个，“汽车发动机构造与拆装”“建筑工程测量”“电子技术基础与技能”省级中等职业教育精品在线开放课程 3 门；重庆工商学校成为重庆市重点特色专业最多、技能大赛成绩最好的中职之一；2021 年，学生技能大赛一等奖数量列全国第四。

在国内推广方面，重庆工商学校阶段性成果突出，成果成为市内外现代学徒制人才培养改革范式，成果社会影响广泛，重庆工商学校项目组成员受邀前往市内外职业学校开展专题讲座。成果团队在教育部第二、三批 31 所现代学徒制试点中职学校开展专题讲座 35 场；来自重庆、广西、上海、四川和河南等地共计 300 余所学校，听取了重庆工商学校有关现代学徒制建设的专题讲座；在全国人大常委会来渝调研工作会等重大会议交流发言 21 次；在“西部职教论坛”面向渝、川、陕等地 236 所职业院校、76 家企业近 1 100 人推广；5 次在重庆市职业教育与继续教育工作会上作经验推广；广东、江苏、四川等 16 地 117 所职业院校到

校考察交流；浙江、上海、广西等12地的职教考察团以及多所职业院校到校观摩；杭州市职教考察团、安徽省安庆市教育体育局考察团、广西柳州市职业教育考察团等来重庆工商学校参观考察；中职制冷专业人才培养标准体系被35所中职学校采用；“三师五岗”教学改革成果同时在全国11个地区28所学校中推广应用。具体而言，2015年以来，重庆龙门浩职业中学、重庆市农业学校等学校参观重庆工商学校现代学徒制实训基地，并就试点工作进行了座谈；2015年11月，受重庆市教科院委托，重庆工商学校电子专业教师与合作企业师傅向来自全市68所中职学校和28家企业的96名代表，进行了“五真五动”企业实践教学法的教学示范，受到与会领导和职教同行的一致好评；2015年12月以来，杭州市职教考察团、安庆市教育体育局考察团、柳州市七星区职业教育考察团等来重庆工商学校参观考察，对重庆工商学校的现代学徒制工作给予高度赞扬；2016年12月，重庆市在重庆工商学校召开重庆市中职电工电子类专业—现代学徒制人才培养模式下的课堂教学研讨会，展示了重庆工商学校在校企合作过程中课堂教学模式的改革成果；2017年3月31日，教育部职成司综合处处长刘宏杰莅临重庆工商学校，参观了校企共建大金空调实训基地，对重庆工商学校的现代学徒制试点工作给予了充分肯定；2017年12月，澳大利亚昆士兰科技大学孔子学院院长、原职教合作项目澳方专家组组长安东尼·巴纳特一行参观了现代学徒制校企合作基地建设，对重庆工商学校现代学徒制工作给予高度赞赏，同时，重庆工商学校教师辜小兵、易祖全分别在重庆教科院、重庆龙门浩职业中学、重庆旅游学校等地举办现代学徒制讲座，将重庆工商学校试点成果及科研成果向与会嘉宾进行分享和交流；2021年3月，重庆市教委召开2021年全市职业教育与继续教育工作视频会议，重庆工商学校党委书记、校长刘友林在会上做交流发言；2021年6月，重庆工商学校党委书记、校长刘友林受邀与市教委职成教处处长吴岚、重庆电子工程职业学院院长聂强接受CETV《职教中国》采访，共同讲述打好特色牌，打出优势牌，构建现代职教体系的重庆之道；2021年7月，荣昌区委常委、组织部部长王忠荣带队，荣昌区委组织部一行40余人到重庆工商学校考察调研；2021年10月，校长刘友林在全市职教工作座谈会上作交流发言；2021年10月，国家督学、重庆市职教学会会长张荣，重庆市职教育学会驻会副会长兼秘书长况力一行4人到校调研考察，江津区委教育工委委员、江津区教委副主任张跃国，重庆工商学校党委书记、校长刘友林陪同调研。

在社会影响方面，人民网和新华网以题为《“12133 工学结合”模式培养高级蓝领——重庆工商学校试点“现代学徒制”见闻》、《半月谈》以题为《现代学徒制：为中国制造搭建人才基座》、《重庆日报》以题为《创新发展动能 探索共赢之路》、《中国教育报》以题为《重庆工商学校：现代学徒制“三师五岗”教学改革与实践》《重庆工商学校：推进现代学徒制制度建设研究与实践》对重庆工商学校实施现代学徒制的成功经验进行了重点报道；成果团队成员在中国教育网络电视台《职教中国》、重庆电视台科教频道《今天教育》、《重庆日报》新闻会客厅等媒体进行经验推广；人民网、华龙网、中国教育电视台、重庆教育、《半月谈》、《重庆日报》等主流媒体对现代学徒制工作跟踪报道 85 次；人民网、华龙网等多家网络媒体进行了转载。

二、形成一套可供复制、借鉴、推广的典型范例，受到高度认可

重庆工商学校成果立足于产教融合建构现代学徒制人才培养新模式，作为全国首批现代学徒制试点单位，在多年的实践过程中，针对现代学徒制实施过程中的教学标准体系不完善、传统教学模式不适宜、校企双师能力不兼备等突出问题，积极推进教学模式改革、校企双师师资队伍建设、教学管理运行机制建设等工作，立足于构建现代学徒制人才培养新模式，校企共同研制了基于人才培养全过程的“一案十标”，实施“异地协同”双线深融教学模式，建构校企双师“双栖双培”的培养机制，提升了专业人才培养质量，增强了双师协同育人成效，现代学徒制试点工作的成功经验在市内外产生了积极影响，为本校其他专业以及云、贵、川、渝等地区的中职学校现代学徒制人才培养工作提供了可复制可推广的典型范例，受到了高度认可。

同时，试点专业社会服务能力显著增强。“双栖双培”教师队伍培养机制全面落地发力，专业行业操作的区域级培训中心全面建立运行，开展企业学徒制员工培训实现全面覆盖，校内应用专业，开展就业再就业、SYB、实用技能等各类培训全面开枝散叶，“双栖双培”教师队伍培养作用得到全面发挥。具体而言，重庆工商学校成为全国中职唯一获批联合国环境规划署·生态环境部的中国制冷维修行业良好操作培训中心，开展企业学徒制员工培训 0.8 万人，制冷等行业从业人员 1.5 万人，校内应用专业开展就业再就业、SYB、实用技能等各类培训 8.9 万人。

第十章 国际辐射影响

一、重视经验推广，扩大成果国际影响力

成果团队在中国—澳大利亚（重庆）职业教育与培训项目十周年座谈会上，面向双方 10 余所职业院校 160 名职教同行，作现代学徒制工作经验推广。此外，2021 年 11 月，重庆工商学校还与越南润动科技有限公司、重庆润通科技有限公司举行在越“鲁班工坊”“云揭牌”暨启动仪式，希望通过合作能够为学生拓宽就业渠道，提高学生实践能力，推进鲁班工坊的发展，促进专业技能发展，共建共赢之路，这是三方求共赢、谋发展的良好开端。鲁班是我国著名的工匠和发明家，在中国几乎是家喻户晓，此次鲁班工坊“云揭牌”暨启动仪式的成功举行是学校“走出去”、开展国际交流、为当地培养技能技术人才的现实举措，在学校办学史上有着重要的现实意义，学校在越南的“鲁班工坊”是整合多方资源优势、校企合作共建共营的一种工坊建设新方式，这次揭牌和启动标志着鲁班工坊承载的文化传承、基础培训、专业实训、师资队伍等技术技能教学条件已经具备。为切实发挥工坊的文化交流与育人效果，重庆工商学校将进一步加大工坊培训设施投入，不断优化和改善专业实训硬件能力；将组织和培养一支适应工坊建设需要的教学管理和专业教学团队，不断提升适应境外技术培训的教学能力；将与越方科研机构、职业院校，特别是行业企业开展教研科研，深化校企合作，促进产教融合，不断探索实践技术技能人才培养的新方法、新模式、新经验、新举措，提升技术技能人才培养质量，为越方企业、越方社会经济发展贡献重庆工商学校应有的智慧和力量。

二、开展国际合作，助力“一带一路”沿线国家共享成果

重庆工商学校积极推进国际合作与交流，先后与澳大利亚、德国等国开展职业教育国际合作，在师资培养、课程开发、标准制定、技能培训等方面积累了丰富的

经验。自习近平主席提出“一带一路”倡议以来，学校便将服务“一带一路”倡议作为一项重要工作来推进，积极探索国际合作交流，不断提升学校的服务能力和国际影响力。近年来，泰国、柬埔寨对职业教育愈加关注和重视，泰国、柬埔寨等“一带一路”国家代表团到重庆工商学校考察交流，就本国的教育发展现状、产业发展状况、职业教育发展面临的问题等作了情况介绍，希望双方加强沟通，增进了解，并积极开展专业设置、课程资源、师资培养、师资互派互访、人才培养、学生就业、基地建设等项目合作，重庆工商学校积极同对方职业学校、培训机构等加强合作，为对方职业教育发展和技术技能人才培养发挥了积极作用，提升了“一带一路”国家技术技能人才质量。

第四篇

总结展望篇

DI SI PIAN ZONGJIE ZHANWANG PIAN

第十一章　基本经验

重庆工商学校作为全国首批、重庆唯一的中职学校现代学徒制试点单位，经过多年探索与实践，首创了“异地协同”现代学徒制人才培养新理念，原创了“三师五岗”实践教学新方法，创构了中职制冷专业现代学徒制人才培养标准体系，为进一步贯彻落实“探索中国特色学徒制，大力培养技术技能人才”重要指示提供了实践经验。

一、首创了“异地协同”现代学徒制人才培养理念

运用协同理论，瞄准现代学徒制的跨域资源共享、双师能力兼备磨合、人才层次高移的发展诉求，搭建校企协同平台，重构人才培养标准，优化双师培养机制，实现异地校企优势资源共建共融，重塑了异地校企跨界协同理念。该理念映射了国家政策意识走向和双师队伍建设纵深需求，突破了以往现代学徒制本地合作的局限，攻克了双师队伍兼而不培、培而不实的顽疾。在《中国职业技术教育》等重要刊物上发表《异地校企远程协同推进现代学徒制的实践探索》等论文 102 篇，完成省级重点课题 5 个。该成果经科技部查新（编号：J20215001236696009）。

二、原创了“三师五岗”实践教学方法

依据人职匹配、职涯发展理论，结合技术技能人才成长规律，组建学校教师、企业内训师傅、岗位师傅“三导师”，围绕识岗、试岗、轮岗、定岗、顶岗等五岗递进的重点实践教学环节，组建学校教师、识岗试岗师傅、轮岗定岗师傅等教学团队。通过互发聘书、结对互学，确认双方场域身份；充分依托名师工作室，按照“准教师”到“教学名师”的五级递进培养模式，对企业师傅进行教学能力培训和等级认定；企业依托技能大师工作室，按照“技能者”到“师匠”的五级进阶培训模式，对学校教师进行技能培训和鉴定；校企双方通过职称认定、能力

鉴定、学徒培养成效，对在本场域工作的对方员工实行双薪双奖，全力打造双向互动、功能完善的结构化师资团队。

“三师”培养，“五岗”递进，是对教育部“双师”“三岗”的拓展与延伸，即在过去业界“双导师”的基础上，增设了定岗师傅，解决了提高学生岗位核心技术的问题，使“双师”变成了“三师”，在以往“三岗”的基础上，增设了“轮岗”和“定岗”，对学徒进行岗位能力递进式培养与职涯指导，构筑了学徒职业知识、能力及情感等关键发展要素的上升阶梯，擘画了高素质复合型技术技能人才的成长路径，解决了学生岗位能力单一与岗位核心技术缺乏的问题，攻克了现代学徒制人才培养惟技偏修的问题。“三师五岗”人才培养机制丰富了育人方法，优化了育人路径，提升了人才培养质量，对践行岗位成才，培养“一核多能”的技术技能人才具有重大现实意义。2018 年 10 月 21 日，《中国教育报》对现代学徒制的“三师五岗”教学改革与实践作专题报道。

三、创构了中职制冷专业现代学徒制人才培养标准体系

通过现代学徒制试点和课题研究，重庆工商学校在校企双主体育人、招生与招工一体化、双导师培养与管理、教育教学管理四个方面建立和完善了学校 23 个制度，运用标准化和系统理论，依据制冷专业教学标准、行业规范等国家标准，以校企双主体协同和专业人才培养目标达成为出发点，结合制冷企业平准化生产趋势及岗位能力要求，建构课程、师资、基地、运行、评价等 5 个维度，涵盖现代学徒制人才培养全过程的标准体系。该体系填补了中职制冷专业现代学徒制人才培养标准的空白，有效地保障了现代学徒制人才培养试点工作的顺利实施，同时参与的行业和企业也切身感悟到，现代学徒制是产教融合的有效实现路径，是企业人力资源开发的创新举措，为我国空调制造技术领域高素质技术技能人才培养提供了质量保障。基于 2017 年重庆市教委重大专项课题“现代职业教育体系国家制度建设研究”开展研究课题“以现代学徒制为主的工学结合人才培养制度建设研究”、出版专著《现代职业教育体系国家制度建设研究》。

第十二章 实践反思

本成果的应用推广，提升了人才培养质量，取得了一定的改革成效和社会影响，为中等职业学校开展现代学徒制人才培养提供了可借鉴、可复制的典型范例，也为进一步落实《中华人民共和国国民经济和社会发展第十四个五年规划和 2035 年远景目标纲要》中关于推进中国特色学徒制的要求积累了生动的实践经验。当前，现代学徒制人才培养改革实践中仍存在以下的桎梏障碍：

一、成果的国际影响力和推广成效不足

当前，重庆工商学校试点专业现代学徒制成果的辐射范围主要在国内，虽然重庆工商学校与澳大利亚在职业教育与培训方面有合作，并面向双方 10 余所职业院校 160 名职教同行进行现代学徒制工作经验分享，也为泰国、柬埔寨等“一带一路”国家分享重庆工商学校现代学徒制课程资源、基地建设经验等内容，但国际推广范围还不够扩大，国际影响力也有待提升。

二、不同企业参与合作的程度参差不齐

当前，校企合作仍存在深度不够、企业参与积极性不高的情况。主动参与“现代学徒制”的企业不多，主要原因是缺乏激励机制，且现有的税费等方面优惠政策实施办法不具体，手续办理烦琐，一般企业主营产品单一，一两家企业不能满足专业教学标准规定的全部课程教学与实践需要，没有准确把握人才市场的需求与发展规律，没有真正找到企业参与现代学徒制的核心利益点和学徒的个人利益平衡点，没有调动起企业联合实施现代学徒制的积极性；实施招生招工一体化，学生（学徒）身份缺乏权威机构认证，“学徒”权益缺乏合法保障，没有真正实现学徒的“双重身份”；实施现代学徒制人才培养大幅度增加培养成本，但目前缺乏分专业办学育人成本测算，更没有建立经费保障制度；校企双导师认证及培养机制不成熟，学校

与企业之间、学校与行业之间缺乏有效的交流，尤其是校企之间人员交流互派互认缺乏政策支撑；职业院校服务企业的“有限性”在一定程度上制约着现代学徒制的实施，而企业天然从“利益最大化”“人才流失”等综合因素角度思考现代学徒制所能带来的经济收益，二者的“利益不对等”也在一定程度上影响着现代学徒制的有效推进。

第十三章　未来展望

实践的反思，对我们后续深化和推广现代学徒制人才培养模式改革，以及相关制度设计提供了启迪和思考，也为进一步增强职业教育适应性，提升职业教育服务经济社会发展的能力提供了方向和遵循。

一、进一步加强国际交流，广泛共享经验成果

德、英、美、澳等现代学徒制建设成熟国家的成功经验以及我国现代学徒制试点工作的实践结果表明，现代学徒制可持续发展必须要有较好的激励与保障机制。同时，通过不涉及参与主体和客体利益的第三方评估机构，对现代学徒制实施过程和结果监测与效果评估，可确保现代学徒制建设工作顺利推进。因此，国家应明确现代学徒制的法律地位，建议国家修改职业教育法，明确实施现代学徒制各责任主体的责、权、利，激励各方参与的积极性，使现代学徒制得到顺利实施。一方面，市委、市政府应重视职业教育，对职业教育的投入力度及政策支持不断加大，确立职业教育在富民强市中的重要地位，进一步加强对职业教育发展规划、资源配置、条件保障和政策措施的统筹管理，为职业教育提供优质公共服务和良好发展环境。另一方面，政府应制定分担学徒教育培训成本、承担职业教育责任的政策，通过相关企业免税费等优惠政策，鼓励企业接收学生（学徒）锻炼和教师实践，鼓励企业师傅带学，推进校企合作制度化。制定试点工作绩效考核办法及激励机制，评选并奖励先进部门、先进试点班、优秀指导教师、师傅和优秀学徒，提高企业的责任感和社会服务意识。

同时，建议地方政府促进试点学校与合作企业共同形成培养成本报告，在此基础上组建专家团队进行深入研究，形成分专业培养成本科学数据，地方财政局对职业院校实施差异化拨款，激发校企合作实施现代学徒制的积极性。具体而言，在现代学徒制试点工作中实行多元投入体制。预算资金 500 万元人民币，其中政府切块

专项资金5%，企业投入150万元人民币，学校自筹350万元人民币。项目资金统筹管理，设立专门账户，专款专用。由现代学徒制工作小组负责管理和使用，由现代学徒制领导小组负责监管，保证资金使用规范。建立项目资金管理制度，严格实行预决算制度和报销程序，加强资金使用全过程监督，每年度由第三方机构进行审查，及时纠正资金使用过程的违规违纪行为，保证资金用到实处。年度资金使用情况以书面形式向政府、企业、学校汇报。

二、建立区别化保障机制，全面深化企业合作

现代学徒制是职业教育发达国家的共同选择，是深化产教融合、校企合作的有效形式，是培养职业技能和职业精神的有效载体，是服务“中国智能制造2025”和中国特色现代职业教育体系构建的必然途径。现代学徒制作为校企合作、工学结合办学模式的“升级版”，使校企合作育人的主体地位更加明确，工学结合更加密切，更能充分整合和发挥资源优势，激发政、行、企、校的参与热情，极大地优化育人路径，提高育人成效。因此，职业教育人才培养模式的改革必然选择现代学徒制。

建立职责明确、各部门密切配合、社会各方共同参与的职业教育新机制。推动市政府出台重庆市职业教育现代学徒制人才培养促进办法，推动职业教育深化产教融合、校企合作和现代学徒制规范实施，进一步增强职业教育服务经济社会发展能力。建议建立健全职业教育行业指导委员会，并赋予推动实施现代学徒制人才培养的职责，具体负责协调相关企业与职业院校合作、认证企业师傅资格和职业院校指导教师资格、认证学徒身份、明确学徒权益、核算培养成本、制定培养标准等，同时确定一批实力较强的龙头企业牵头产业链上的多家企业，建立现代学徒制人才培养中心或教育型企业，满足职业院校以专业教学标准实施现代学徒制人才培养的需要。对企业建立的现代学徒制人才培养中心或教育型企业，建议采取“政府购买”方式给予资源保障和扶持，同时，建立企业准入和淘汰制度，避免一些不合规企业带来的不稳定不安全因素。建议地方政府促进试点学校与合作企业共同形成培养成本报告，在此基础上，组建专家团队进行深入研究，形成分专业培养成本科学数据，促成财政部门对职业院校实施差异化拨款，向企业购买服务，激发职业院校和企业合作实施现代学徒制的积极性。地方财政局对职业院校实施差异化拨款，激发校企合作实施现代学徒制的积极性。

参考文献

[1] 王龙 . 利益相关者理论视域下中国高考制度的演进 [D]. 南京：南京师范大学，2016.

[2] Friedman A.L., Miles S. Developing Stakeholder Theory [J]. Journal of Management Studies，2002，39 (1)：1-21.

[3] Haken H. Synergetics [M]. Berlin：Springer，1977：147-189.

[4] Haken H. Synergetics：An Introduction [M]. Berlin：Springer，1983：191-227.

[5] Gajda R. Utilizing Collaboration Theory to Evaluate Strategic Alliances [J]. American Journal of Evaluation，2004，25 (1)：65-77.

[6] Larsen T S, Thernøe C, Andresen C. Supply Chain Collaboration：Theoretical Perspectives and Empirical Evidence [J]. International Journal of Physical Distribution & Logistics Management，2003，33 (6)：531-549.

[7] Todeva E, Knoke D. Strategic Alliances and Models of Collaboration [J]. Management Decision，2005，43 (1)：123-148.

[8] 冯·贝塔朗菲 . 一般系统论：基础、发展和应用 [M]. 林康义，等译 . 北京：清华大学出版社，1987.

[9] 苗东升 . 系统科学概览 [M]. 北京：中国书籍出版社，2020：9-17.

[10] 郭治安，沈小峰 . 协同论 [M]. 济南：山东经济出版社，1991：79-98.

[11] 佛朝晖 . 中国特色学徒制：价值、内涵与路径选择 [J]. 职业技术教育，2021，42 (28)：6-11.

[12] 刘育锋 . 中国特色学徒制探索 [J]. 中国职业技术教育，2021 (12)：87-93.

[13] 桑雷 . 中国特色现代学徒制的三维透视：内涵、困境及突破 [J]. 现代教育管理，2016（6）：94-98.

[14] 张建平，孙立新 . 中国特色现代学徒制试点现状研判及推进路径 [J]. 职教论坛，2021，37（12）：12-17.

[15] 赵鹏飞，刘武军，罗涛，等 . 现代学徒制中国实践、国际比较与未来展望 [J]. 职教论坛，2021，37（12）：6-11.

[16] 朱国华，吴兆雪 . 现代学徒制的战略布局、试点现状与推进策略 [J]. 职业技术教育，2019，40（6）：25-29.

[17] 田建国 . 职业技术教育横向联合刍议 [J]. 枣庄师专学报，1990（1）：85-88.

[18] 朱孝平 . 当前职校双师型教师培养的策略与方法评述 [J]. 职教论坛，2009（15）：4-6.

[19] 范建波 . 高职教育师资能力标准构建研究 [J]. 高等工程教育研究，2013（3）：149-153.

[20] 李嫣然，柳士彬 . 反向社会化视角下教师工作场所学习策略 [J]. 教育学术月刊，2021（4）：29-35.

[21] 王斌，姚刚，危亚平 . 高职“双师型”教师队伍建设的创新对策 [J]. 中国高等教育，2011（23）：48-49.

[22] 温潘亚 . 新建本科高校应加强双师型”师资队伍建设 [J]. 中国高等教育，2017，（Z3）：63-65.

[23] 周燕妮 . 职业本科校企互聘兼职教师机制研究：以 QZ 职业技术大学为例 [J]. 才智，2021（1）：81-83.

[24] 孙绵涛 . 教育现象的基本范畴研究 [J]. 教育研究，2014，（9）：4–15.

[25] 金英姬，李秀然 . 员工激励与企业发展之间的博弈分析 [J]. 学术交流，2008（3）：105-107.

[26] 周文叶 . 教师评价：评什么和怎么评——访斯坦福大学李·舒尔曼教授 [J]. 全球教育展望，2020，49（12）：3-12.

[27] 王慧，施志刚 . 高职院校“双师型”教师队伍培养的困境及其破解 [J]. 现代教育管理，2018（11）：113-117.

[28] 吴南中 . 职业教育校企合作评价制度的价值、维度与策略 [J]. 教育与职业，2016，867（11）：10-14.
[29] 王鉴，王子君 . 新时代教师评价改革：从破“五唯”到立“四有” [J]. 中国教育学刊，2021（6）：88-94.
[30] 朱旭东，宋萑 . 论教师培训的核心要素 [J] 教师教育研究，2013（3）.